高等院校经济学管理学应用技能型精品教材

第2版

经济学概论

陈承明 苑睿钊 王金霞 编著

上海财经大学出版社

图书在版编目(CIP)数据

经济学概论/陈承明,苑睿钊,王金霞编著. —2 版. —上海:上海财经大学出版社,2019.9
(高等院校经济学管理学应用技能型精品教材)
ISBN 978-7-5642-3308-2/F·3308

Ⅰ.①经… Ⅱ.①陈…②苑…③王… Ⅲ.①经济学-高等学校-教材 Ⅳ.①F0

中国版本图书馆 CIP 数据核字(2019)第 149233 号

□ 责任编辑 廖沛昕
□ 封面设计 张克瑶

经 济 学 概 论
(第二版)

陈承明 苑睿钊 王金霞 编著

上海财经大学出版社出版发行
(上海市中山北一路 369 号 邮编 200083)
网 址:http://www.sufep.com
电子邮箱:webmaster@sufep.com
全国新华书店经销
上海华业装璜印刷厂有限公司印刷装订
2019 年 9 月第 2 版 2025 年 7 月第 3 次印刷

787mm×1092mm 1/16 11.5 印张 273 千字
印数:8 501—9 000 定价:36.00 元

第二版前言

西方经济学是一门博大精深的学科，有着完整的理论体系和丰富的思想内容。为了将其改编成适合初学者和成年人业余学习的教材，本书对西方经济学的理论进行了通俗化的编撰，命名为《经济学概论》。书中包含了微观经济学和宏观经济学的基本原理和主要内容。其中，微观经济学从消费者和生产者两个角度出发进行阐述，包括需求、供给与均衡价格、消费者行为与生产者行为、完全竞争与不完全竞争市场、要素价格与收入分配、微观经济政策等。宏观经济学从国民经济的整体运行出发进行阐述，包括国民收入核算、国民收入的决定和变动、对外开放与国际经济联系、宏观调控与经济政策、西方经济学流派等。

本书适合经济类和相关专业的本、专科生，以及网络学院、电视大学、夜大学等成人教育的相关专业教学使用。教师可以根据教学对象和教学需要，调整相关的教学内容和调节教学的深浅度，使教学更加符合学生的实际需要和取得更好的教学效果。例如，在对专科生进行教学时，建议多了解经济学的基本原理，用丰富的案例来理解经济学常识，对打“＊”号的章节可省略。在对本科生进行教学时，建议在专科生的基础上，适当增加教学内容和提高教学难度，对打“＊”号的章节可重点讲解，便于取得更好的教学效果。本书配有各章的教学课件和相关的练习题等，便于教师和学生使用。

本书由华东师范大学经济与管理学部经济学院的陈承明教授组织编写。参与编写人员有：陈承明（绪论）、张靖哲（第一章）、王光飞（第二章）、王宝珠（第三章），苑睿钊（第四章）、陈翀（第五章，第六章）、李琦（第七章）、李卉（第八章）、施岩（第九章）、王金霞（第十章）、曹昊煜（第十一章）、潘洵（附录）。在成书过程中，先由苑睿钊、王金霞对书稿进行编纂和整理，最后由陈承明教授进行统一修改和最后定稿。

在本书的编写过程中,我们吸收、借鉴了宋承宪、高鸿业、尹伯成、冯金华、孙斌艺等专家、学者的有关研究成果和方法,在此表示感谢!同时,还要感谢上海财经大学出版社编辑部主任王芳,为此书的出版付出的辛勤劳动。

本书除了作为经济、金融、贸易和工商管理等应用类经济专业的教材外,也可用于其他相关专业的教学,同时适用于广大成人读者的自学需要。由于本书的编写时间较为仓促,其中的缺点和错误在所难免,希望有关专家和读者不吝赐教。

编　者
2019 年 9 月

目 录

第二篇 市场运行

第三篇 国民经济运行

第四篇　政府的经济调控

绪　论

经济学要解决的主要问题，是如何在现有社会条件下，实现经济资源的合理配置和高效利用，以及提高生产能力和增加社会财富的问题。只有从这一目标出发，才能全面、深刻和准确地理解经济学的研究对象和方法，才能学会运用其中的基本原理，指导经济活动和取得经济效益。

小链接

在美国的一个小镇上，一个土财主有三个儿子。大儿子和二儿子都娶了当地商人的女儿。有一天，一个人找到土财主跟他说："我帮你的小儿子做个媒吧。"土财主很轻蔑地说："笑话！我为什么要你来帮我的儿子做媒？"这个人不慌不忙地说："如果我做媒的对象是石油大王洛克菲勒的女儿呢？"土财主半信半疑地说："如果是这样，那倒可以考虑，事成之后我还会给你一笔不菲的酬劳。"

随后，这个人找到洛克菲勒，说："我帮你的女儿做个媒吧。"洛克菲勒粗声粗气地说："走开！我为什么要你帮我的女儿做媒？"这个人不慌不忙地说："如果我做媒的对象是世界银行的副总裁呢？"洛克菲勒转怒为喜，说："如果是这样，当然可以考虑，事成之后我还会给你一笔可观的酬金。"

最后，这个人来到世界银行，找到总裁跟他说："马上任命一个副总裁吧。"世界银行的行长勃然大怒说："我为什么要听你的？"这个人不慌不忙地说："如果这个你要任命的人是洛克菲勒的乘龙快婿呢？"行长一听立刻眉开眼笑，说："如果是这样，当然可以做到。"于是他立刻任命了土财主的小儿子做世界银行的副总裁，这个人又带领他到洛克菲勒家里相亲，促成了这段姻缘。

这个人最终获得了三笔巨额酬金，但他手里原本什么资源都没有。这大概就是资源整合的典型案例。在资源稀缺的社会中，攫取资源和占有资源都非常困难，而善于利用资源并将其合理整合才是高手。

一、经济学的研究对象

经济学(economics)是研究人类一般生产和生活规律的学问。人们在现实生活中会面临各种不同的选择：一个大学毕业生是去读研究生还是去工作？一块土地是盖房子还是建球场？一个成年人结不结婚？要不要孩子？出差是坐火车还是坐飞机？该买什么价位的住房和汽车？股票该买入还是该抛出？在人的一生中会遇到或大或小、或难或易的问题，它们都与人们的切身利益相关，而学习经济学有助于我们做出正确的抉择和取得预期的收益。

人们遇到的经济问题，根源于现实资源的稀缺。人类所以要进行生产，是为了满足需要。假如人们的生活，以及由此引起对物品(goods)和劳务(service)的需要是有限的，而满足这些需要的资源又是取之不尽、用之不竭的，便不会产生稀缺问题。可是，人类能够获取的资源及其产品总是有限的，而人们的需求欲望却是无限的，于是便产生了资源的稀缺问题。

相对于人的无穷欲望而言，"经济物品"以及生产这些物品的资源总是不足的，这就是稀缺性(scarcity)。这里所说的稀缺性，不是指物品或资源的绝对数量，而是相对于人类需求的无限性来说，现有的物品和资源总是不足的。可能你讨厌土豆，但对有些人而言，土豆仍是稀缺的。除了空气和阳光以外，森林、草地、住房、汽车、服装、煤、水、电，甚至铅笔、袜子等，我们所能接触到的物品几乎都是稀缺的。由于上述原因，便产生了如何合理利用现有资源，去生产更多经济物品来满足人类需要的问题。

(1)生产什么(what)？因为资源是有限的，所以不可能生产人们所需要的一切产品，而必须区分轻重缓急，对哪些可以生产、哪些暂不能生产要做出合理的选择。对于可以生产的产品，也要根据所需资源的状况，决定恰当的生产数量。

(2)怎样(how)生产？同样的产品可以用不同的方法来生产。一种产品可以用手工劳动的方法生产，也可以用机械化或自动化的方法生产；一种产品可以由一家企业独立生产，也可以由多家企业联合生产；等等。这就要考虑怎样才能节约成本和提高资源的利用效率。

(3)为谁(for whom)生产？这里涉及产品的分配问题。分配关系是生产关系的重要组成部分，直接关系到社会的公平和再生产的效率。如果分配公平，一方面会使贫富差距缩小，以保持社会稳定；另一方面会促使更多的资源投入生产，促进生产力提高和社会经济发展。反之，则会产生相反的结果。

(4)何时(when)何地(where)生产？资源的稀缺随时间和地域的改变而变化，因而在不同时间和地域利用资源的代价或成本，以及获得的产品和收益是不同的。因此对企业来说，是要解决何时何地生产最为有利的问题；对社会来说，是要解决经济资源如何实现合理流动和优化配置的问题。

以上四个问题被认为是人类社会的基本经济问题，纷繁复杂、形形色色的经济现象实质是上述问题的分化或综合，经济学正是为解决这些问题而产生的。基于上述理由，可以给经济学下这样一个定义：经济学是研究人们如何对经济问题做出选择，如何用稀缺的经济资源在何时何地生产出何种物品，并如何进行分配和消费的一门社会科学。

二、机会成本与生产可能性

经济资源的稀缺要求人们做出选择，为了生产某种产品就要放弃其他产品的生产。**当一定的经济资源由于用于生产这种产品，因而放弃生产其他产品可能取得的最大收益，就是生产这种产品的机会成本**(opportunity cost)。例如，若某人可以选择三份工作中的一份：选择A年收入为5万元，选择B年收入为7万元，选择C年收入为4万元。由于分身无术，且时间和精力上无法兼顾，他只能选择其中一份工作。因此，他选择A的机会成本是7万元，选择B的机会成本是5万元，选择C的机会成本是7万元。可见，他选择B的机会成本最小，因此选择B的可能性最大。当人们在做出选择的时候，应该将收益与机会成本做比较，以判断自己的选择是否合理。上例中正确的选择应该是B。但在现实生活中,人们往往只注重收益而忽略机会成本,或者有时很难发现真正的机会成本,因而做出错误的选择。因此,在对经济活动进行选择时,力求机会成本小一些,是判断经济行为合理与否的重要准则之一。

与机会成本密切相关的是生产可能性。一个经济社会,必然具有一定的人口、资本、土地和其他自然资源,即具有一定数量的经济资源。为简化起见,假定这个社会用既定的经济资源只生产两种产品 X 和 Y,如果多生产 X,必然少生产 Y;反之亦然。将全部经济资源以一定的比例分配,便可得到生产的最大可能性,如图1所示的 AB 曲线。**生产可能性曲线表明在既定的经济资源和生产技术条件下所能达到的各种产品最大产量的组合**。生产可能性不是一成不变的,它会随着技术和资源状况的变化而变化。

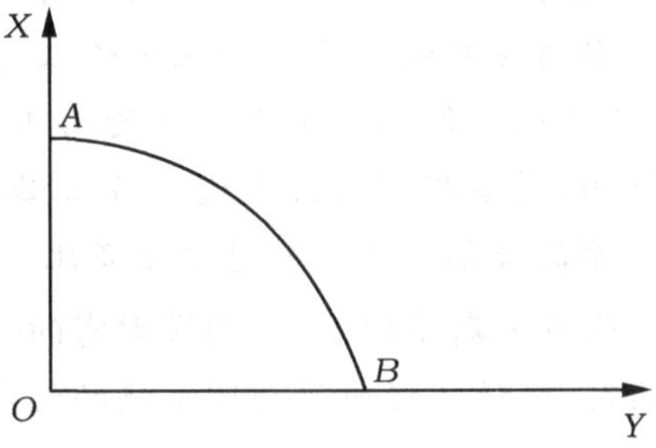

图1 生产可能性曲线

三、"看不见的手"与"看得见的手"

前面所说的几个基本经济问题,都是研究稀缺的资源(劳动、土地、资本、企业家才能)如何用到最需要的生产部门中去,所以是考察资源的合理配置问题。实际上,经常会有一些生产要素,如劳动力、生产设备和自然资源处于闲置状态,因此经济学还要研究怎样才能使所有生产要素得到充分、有效利用的问题。

经济资源配置和利用的方式就是所谓的经济体制问题,不同的经济体制实现资源配置和利用的方式不同。计划经济和市场经济是两种主要的经济体制。计划经济的基本特征是生产资料归国家和集体所有,政府用统一的计划来解决资源配置和利用问题。产品的数量、品种和价格,投资的方向、比例和规模,就业的人数,土地的利用,经济增长和产品分配等均由政府部门的指令性计划来决定,因此计划经济是用"看得见的手"来调节的。从理论上可以证明,在这种体制下能够达到资源的最优配置和高效利用。但是,实行计划经济需要具备相应的客观条件,如物质技术手段和经济管理能力等。实践证明,在客观条件还不具备的时候,强制推行计划经济体制会适得其反,造成生产要素的利用效率低下和经济发展的比例失调。

市场经济的基本特征是企业产权明晰,决策高度分散,各市场主体在市场机制这只"看不见的手"的引领下,通过追求利益最大化的竞争过程,达到合理配置和高效利用经济资源的结果。英国古典经济学家亚当·斯密(Adam Smith)认为,在市场经济中,人们追求各自的利益,却往往能更有效地促进社会利益的增加,市场机制是解决资源优化配置和增进社会福利的有效机制。但是市场不是万能的,在克服垄断和外部性弊端、提供公共物品和信息管理、调节收入分配和控制经济波动等方面,市场是无能为力的,因此需要国家或者政府的干预。

亚当·斯密

亚当·斯密(Adam Smith,1723—1790),经济学的主要创立者,提出分工理论、货币理论、价值论、分配理论、资本积累理论、赋税理论等重要经济学理论。分工理论认为,分工的起源是由于人的才能具有自然差异,交换及易货属私利行为,其利益决定于分工。货币理论认为,货币的首要功能是流通手段,持有货币是为了购买其他物品。价值论认为,价值涵盖使用价值与交换价值,前者表示特定财货的效用,后者表示可换取财货的购买力。分配理论认为,尽管雇主拥有压低工资的力量,但工资的最低水平是劳动者能够维持基本生活的需要。资本积累理论认为,资本积累是大量进行分工必备的另一要素。分工的扩张与生产效率的提高与资本的总额呈正比。赋税理论则提出四大赋税原则,即公平、确定、便利、经济。亚当·斯密的著作《国民财富的性质和原因的研究》(简称《国富论》)出版后引起大众广泛的讨论,该书提出了全国系统的经济学说,被誉为是现代政治经济学研究的起点。亚当·斯密也被后人尊称为"现代经济学之父"和"自由企业的守护神"。

小链接

判断一个社会的市场化程度,主要根据以下五大要素:(1)政府作用;(2)企业权利与行为;(3)投入要素的成本与价格;(4)进出口贸易与投资;(5)金融参数。中国经济的市场化程度已超过市场经济的临界水平(60%),毫无疑问属于发展中的市场经济国家。到 2013 年 6 月,已有包括新西兰、新加坡、菲律宾、韩国、俄罗斯、马来西亚、巴西等 81 个国家相继承认中国的市场经济地位。但美国、日本、欧盟目前还没有承认中国的市场经济地位。

在现实中,各国的经济体制常常是计划和市场相结合的体制,它们之间的区别只是计划和市场发挥作用的程度不同。在经济学的发展中,关于计划和市场的争论一直未停止过,比较普遍的看法是应该尽可能地让市场发挥作用,争论的焦点集中在少数经济领域该不该发挥政府的主导作用,在经济发展的不同阶段又该如何看待政府的不同作用。目前,我国正在加快发展社会主义市场经济,提出了要使市场在资源配置中起决定性作用,更好发挥政府作用的新要求。因此,如何发挥计划和市场在配置和利用资源中各自的积极作用,以及如何使它们相互补充仍然是一个值得研究的问题。

四、微观经济学和宏观经济学

经济学从研究的层次和范围出发,可以分为微观经济学和宏观经济学两大部分。

微观经济学(microeconomics)是与**宏观经济学**(macroeconomics)相对应的,它们的区

别首先源于研究对象上的差别。微观经济学是研究社会中经济个体包括消费者、生产者(厂商)和生产要素所有者的行为,阐述经济个体为什么和怎样做出经济决策的学问。例如,消费者怎样做出购买产品或劳务的决策,厂商怎样针对消费者的需求做出生产的决策,要素所有者怎样针对生产的需要做出投入要素的决策,等等。对上述问题的研究,就是要解决合理配置和利用资源的途径和方法。消费者如何达到满足程度的最大化?企业如何实现利润的最大化?要素所有者如何取得收益的最大化?这些都是资源配置和利用问题的具体化。微观经济学被看作研究资源配置的科学,而资源配置是通过市场来进行的,更确切地说,是通过供求的变化和价格的波动来实现的。从这个意义上说,市场或价格的变化规律是微观经济学要解决的主要问题,因此微观经济学又称为市场或价格理论。

宏观经济学则是以社会的经济总量及其变化规律为研究对象,如国民生产总值及其增长率、总供给与总需求的平衡、通货膨胀、失业率、宏观经济政策等。宏观经济学主要是研究各种经济总量之间的协调关系,因此有利于解决政府的宏观调控问题。当然,微观经济与宏观经济并不是完全分离的,它们之间存在着相互依存、相互补充的关系。微观经济是宏观经济的前提和基础,宏观经济是微观经济的外部环境和制约因素。随着经济现代化和经济全球化的发展,人们越来越重视对宏观经济与微观经济的关系研究。

五、经济学的基本研究方法

经济学的基本研究方法是科学抽象法,具体表现在以下三个方面:

(一)实证分析与规范分析

实证分析(positive analysis)是对经济事物本来面目及其因果关系的客观描述,即在既定的前提下,对经济事物的实际状态进行深入细致的分析,具体阐明其产生、发展和变化的条件、原因以及后果。它的任务仅仅是对经济事物的客观过程进行揭示、描述和推测,而不对其可能产生的影响和作用做出主观的判断和评价。

规范分析(normative analysis)是对经济事物的作用和意义进行理性分析和做出价值判断。在正确认识经济事物的前提下,运用一定的判断标准或评价体系,对经济事物做出好坏优劣的主观评价,从而得出应该怎样而不应该怎样的结论。因此,规范分析的结果与人们所处的社会环境和已有的价值取向是密切联系的。

经济学中既有实证分析,也有规范分析。实证分析是规范分析的前提和基础,规范分析是实证分析的延续和深化。对于经济问题的研究,常常需要实证分析和规范分析的有机结合,如要回答“我国目前的收入分配是否合理”这个问题,既要对收入分配的现状进行实证分析,又要依据一定的价值标准,对其产生的结果和改进的方法进行规范分析。

(二)均衡概念与均衡分析

均衡是事物内部的矛盾双方暂时达到平衡,使事物处于相对稳定状态的表现。同样,在一个经济体系或经济事物中,当它们内部的主要因素及变动力量处于相对平衡状态,因而使经济事物的性质保持稳定时,就称为**经济均衡**(equilibrium)或处于均衡状态。例如,当轿车的价格为 4 万美元时,市场的需求量为 10 万辆,企业生产的数量也是 10 万辆。这时可以说，轿车的供求处于均衡状态。如果价格上升到 5 万美元时，市场的需求量就会降到 8 万辆，在企业生产能力不变时，就会有 2 万辆轿车销售不出去。相反，如果价格降到 3 万美元时，市场的需求量就会增加到 12 万辆，在厂商生产能力不变时，又会出现 2 万辆轿车的需求缺口。在前一种情况下，会因供过于求，造成价格下降，促使企业减少生产；在后一种情况下，会因供不应求，造成价格上升，促使企业增加生产。也就是说，这时的轿车价格与供求关系都在发生变化，处于非均衡状态。即使实现了供求平衡的均衡状态也是暂时的，现实的经济运行会不断打破旧的均衡，并在新的基础上建立起新的均衡，正是在这种不断反复的过程中，社会经济才得到发展。尽管如此，均衡作为经济变动的趋势，作为经济运行的阶段性状态，仍然是人们关注和研究的重要内容。均衡分析又可分为局部均衡分析和一般均衡分析两种。局部均衡分析，是假定分析的市场与其他市场不存在相互影响的关系；一般均衡分析，是对整个经济体系的分析，是研究经济总体达到均衡的条件及其结果。

(三)静态分析、比较静态分析和动态分析

静态分析是抽象掉经济运行中的时间因素和变化过程，仅仅分析均衡状态下的经济现象及其形成条件。比较静态分析则是对两个均衡状态的经济现象进行分析比较，但不论及它们从原状态到新状态的变动过程。动态分析是在经济研究中强调时间因素，重点分析经济事物从一种均衡状态进入另一种均衡状态的变化过程。

从局部均衡到一般均衡，从静态分析、比较静态分析到动态分析，就是在认识经济规律中从简单到复杂、从抽象到具体的深化过程。微观经济学一般采用静态的、局部均衡的分析方法，而宏观经济学则多采用动态的、一般均衡的分析方法。

练习题

1. 什么是机会成本？什么是生产可能性曲线？
2. 什么是“看得见的手”？什么是“看不见的手”？
3. 请简述微观经济学和宏观经济学的区别与联系。
4. 经济学的基本研究方法有哪些？

第一篇

市场主体的决策

第一章

[illegible]

第一章
需求、供给与均衡价格

价格理论是微观经济学的基础和核心内容，而市场的需求和供给是决定均衡价格的两大基本力量。阐述价格理论和市场机制，为深入研究消费者行为和生产者行为提供了理论基础。本章从需求、供给的分析入手，讨论均衡价格的形成过程，并考察价格变动对市场主体及其经济活动的影响。

第一节　需　求

需求是市场竞争的重要方面，也是消费者行为的集中体现。本节通过分析需求的含义，引申出需求函数和需求曲线，目的是揭示商品价格与它们的购买量呈反方向变化的需求规律。

一、需求的含义

需求(demand)是指在一定时期内，市场上对应于某一价格，人们愿意而且能够购买的商品数量。需求不同于人们的主观需要，它受货币购买力的约束。因此，需求实际上有两层含义：一是有真实需要，二是有购买能力。需求必须是这两者的统一，如果消费者有需要而无财力，或者有财力而无需要，都不能成为现实的需求。

在其他条件不变时，人们购买商品的数量同商品的价格密切相关。如果商品的价格提高，消费者的购买量就会减少；反之则会增加，两者呈反方向变化。

小思考

你觉得目前班上同学对汽车的需求大不大？

小链接

从1999年下半年起，上海房地产供给与需求都快速增长、竞相攀升，房地产价格快速上涨，房地产市场明显进入繁荣期，开发量、销售量与房价都在高位运行。

2004年以来，市场中不断发出房地产市场存在泡沫的质疑，关于上海市房地产市场的需求究竟有多大的争论一直没有停止过。这场争论的目的是要回答，上海目前房地产市场价格是否虚高？

要回答这个问题，需要对上海居民收入的现状、对未来收入的预期、外来投资者对上海的偏好、银行的信贷政策、中国经济的增长前景等多种因素做深入的调查分析。

有不少人拿住房的需要来讨论房地产市场供求关系问题，其实是一种误导，把个人住房需要看作是一种刚性需求更是在概念上混淆视听。住房的需求其实是指住房的有效需求，与其他商品的有效需求一样，不仅反映了个人的需要，而且必须有现实的支付能力。

二、影响需求的因素

影响商品需求量的因素大致如下：

(1)商品本身的价格(P)。一般情况下，商品的需求量与其价格呈相反方向变化，这是人们趋利避害的必然要求。

(2)相关商品的价格(P')。这里有两种情况：如果是互补品，其价格变化会反方向影响需求量；如果是替代品，其价格变化会同方向影响需求量。

(3)预期价格(P_e)。商品未来价格的变化会影响它们当前的需求量，“买涨不买跌”正是这种价格预期的反映。

(4)经济收入(M)。收入是消费者购买能力的体现，一般情况下它与需求量呈同方向变化，但与劣等商品的需求量呈反方向变化。

(5)主观偏好(F)。同样的商品，对不同消费者的偏好差异很大。消费者的主观偏好(preference)程度与商品的需求量呈同方向变化。

商品的需求量Q_d与其他相关因素之间的关系，可用需求函数来表示：

$$Q_d = f\ (P, P', P_e, M, F, \cdots)$$

其中，Q_d为因变量；$P, P', P_e, M, F, \cdots$为自变量。

三、需求规律与需求曲线

在经济分析中，如果要同时考虑很多因素，分析会相当困难。在影响商品需求的因素中，最重要的是商品本身的价格。在现实生活中，假定影响需求的其他因素不变，当某种商品的价格下降时，消费者对这种商品的需求量就会增加；反之，就会减少。**我们把这种需求量与商品价格呈反向变化的必然性，称为需求规律(demand law)。**

需求曲线(demand curve)是表示价格与需求量呈反向变化的函数图像，即有需求函数$Q_d = f(P)$。根据需求规律，需求量与价格呈反向变化。为分析方便，进一步假定Q_d与P之间存在线性关系，则需求方程为：

$$Q_d = a - bp$$

其中，常数a表示当$P=0$时的需求量，系数$-b$表示当P发生变动时所引起的Q_d的反向变动。通常，a、b均为大于0的实数。经济分析与数学上的习惯相反，一般以纵轴表示自变量，横轴表示因变量。在上述假定下，需求曲线见图1—1。

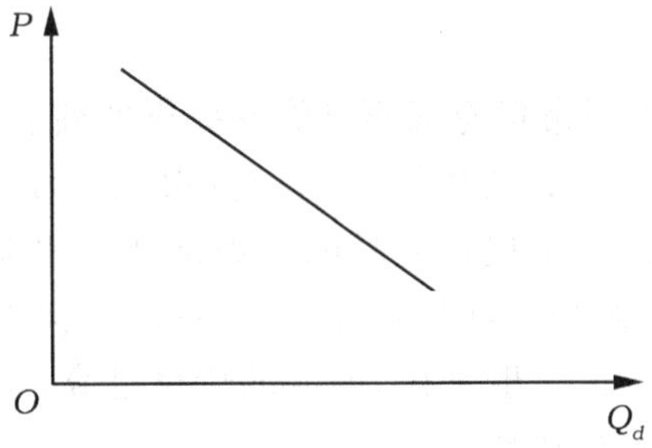

图 1—1　需求曲线

当然，实际生活中，需求规律并非在任何情况下都成立，也可能存在例外。例如，对古董、收藏品而言，并非价格越低，人们愿意购买的数量就越多。

小思考

你还能举出违背需求规律的例子来吗？

小链接

吉芬商品是需求规律的例外。在 1845 年爱尔兰发生自然灾害时，马铃薯的价格上涨而需求量却增加，原因是灾荒造成爱尔兰人实际收入下降，而只能增加这类低档食品的消费。因为是英国学者吉芬发现这种现象，所以将这类商品称为吉芬商品。

小思考

你觉得现代社会还存在吉芬商品吗？是不是所有的低档商品都是吉芬商品？

小链接

中国：全球最大奢侈品消费国

过去 10 年是 GDP 高速增长的 10 年，随着房子和汽车的购买完成，越来越多的中产阶级开始消费奢侈品。特别是许多人的收入随着经济增长也大幅增长，可支配收入在这几年里增加很多。根据麦肯锡的统计，2018 年大约有 760 万中国家庭购买了奢侈品，这个数量超过了马来西亚或荷兰的家庭总数。这些家庭年均奢侈品消费金额达到了 7.1 万元人民币，是奢侈品生产大国法国和意大利的 2 倍。总体来看，中国消费者的奢侈品年支出超过了 5 000 亿元人民币，贡献了全球 1/3 的市场。

第二节　供　给

本节通过分析供给的含义，引申出供给函数和供给曲线，目的是揭示商品价格与它们的供给量呈同方向变化的供给规律。

一、供给的含义

供给(supply)是指企业面对市场愿意而且能够提供的商品数量。现实的供给不仅要有必要性,而且要有可能性。所谓“必要性”,是指企业根据市场的需求有提供商品的主观愿望;所谓“可能性”,是指企业具备了提供商品的客观条件。如果有必要而无可能,则不能提供现实的商品;如果有可能而无必要,则会造成经济资源的损失和浪费。因此,现实的供给必须是必要性和可能性的统一。一般来说,商品的价格越高,企业的供给量就越大,说明供给量与商品价格之间存在着内在联系。

小链接

淅川绿色生态农产品供不应求

在淅川县马蹬镇千亩大闸蟹养殖基地,几名农业技术人员正在对水质指标进行检测。在清澈丹江水的滋养下,在技术人员的持续管护中,一批批鲜活的大闸蟹发往全国市场,走上百姓餐桌。

淅川县是南水北调中线工程核心水源区和渠首所在地,也是国家级扶贫开发工作重点县、河南省深度贫困县。近年来,该县生态产业蓬勃发展,逐渐成为护清水、促脱贫、保增收的重要途径。淅川县委书记卢捍卫说:“我们坚持水质保护、绿色发展理念,推进生态产业规模化、标准化、有机化、品牌化发展,全国加强农产品质量监管,逐渐走出了一条优质农业发展之路。”

在封装好的大闸蟹盒子上,“绿色食品”标签十分显眼,盒内鲜蟹生龙活虎。“我们在县农业部门的指导下,严格按照国家标准进行规范化养殖,蟹的品质稳居多数同类产品之上。”马蹬镇大闸蟹养殖基地负责人寇元钦说。

(《河南日报》农村版,2019 年 1 月 3 日)

二、影响供给的因素

影响商品供给的因素大致如下:

(1)产品价格(P)。产品的价格提高,企业的利润就会增加,从而刺激生产增加;反之则反是。因此,供给量与产品价格呈正向变动,这是企业追求利润最大化的必然结果。

(2)相关产品价格(P')。如果是互补产品的价格上升,供给量增加,就会带动相关产品生产的增加;如果是替代产品的价格上升,供给量增加,就会使相关产品的生产减少。

(3)预期价格(P_e)。一般来说,价格可能上涨的产品,企业会产生惜售心理;相反,价格可能下跌的产品,则会刺激企业加速抛售。

(4)生产成本(C)。如果劳动力、机器设备或原材料等生产要素的价格下降,因而造成生产成本下降,就会引起供给量的相应增加;反之则反是。

(5)自然条件(N)。例如,富矿比贫矿能提供更多的矿产品,天气和土质对农产品的供给有很大影响。随着工业化程度的提高,生产受自然条件的影响会逐渐减少。

产品的供给量(Q_s)与相关因素的因果关系,可用供给函数(supply function)表示:

$$Q_s = f(P, P', P_e, C, N, \cdots)$$

其中，Q_s 为因变量；P，P'，P_e，C，N，…为自变量。

在一般情况下，产品的成本和价格对产量的影响最大。为了分析方便，我们假定其他条件不变，主要研究价格变动对供给量的影响，即 $Q_s=f(P)$。

三、供给规律与供给曲线

供给规律（law of supply）是指商品的供给量与其价格之间的正向依存关系。由于价格上升，会使利润增加，因而刺激供给增加；当商品的价格下降时，会使利润减少，企业提供的产品数量就会减少。因此，供给规律就是商品的价格与其供给量呈同方向变化的规律。

为简便起见，假定 Q_s 与 P 之间存在线性关系，则供给函数是：

$$Q_s=-c+dP$$

其中，$-c$ 表示价格为零时的供给量。由于企业的产量不能为负数，所以其实际含义是，企业提供产品的最低界限是价格高于$\frac{c}{d}$。这是因为，在 $Q_s=-c+dP$ 中，当 $Q_s=0$ 时，则 $P=\frac{c}{d}$，这表示只有当价格高于$\frac{c}{d}$时，企业才会提供产品。式中的 d 是供给曲线的斜率，它表示价格变动对供给量的影响程度。供给曲线是一条自左下方向右上方延伸的曲线。可见，当商品的价格下降时，企业提供的产品数量就会减少；反之则反是。这种对应关系见图 1—2。

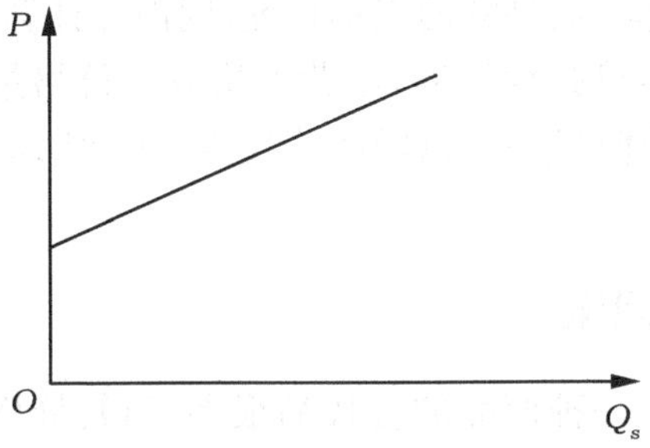

图 1—2　供给曲线

在现实中，供给规律也有例外，如工资与劳动力的供给之间的关系。由于人们会在物质需要与精神需要之间进行选择，因此当工资提高过多时，有些人愿意工作的时间反而会减少。

2007 年是许多中国人眼中的“火爆”年、特殊年。年初楼市上涨，后股市全线飘红，5 月后猪肉又大幅上涨，全国 36 个中心城市猪肉平均批发价比上年上涨 4.4 元/千克，这次涨价 10 年罕见。猪肉涨价背后的原因是什么呢？

从需求看，2006 年年底到 2007 年，城镇居民收入增长快，尤其是机关事业单位工资上涨幅度较大，居民消费力增强；从供给看，猪肉生产成本上升，养殖户因为饲料涨价，供给成本就会增加。因此，在收入水平较高的情况下，猪肉价格普遍上升。

第三节 需求弹性与供给弹性

前面我们分析了价格对需求和供给的影响,然而我们更想知道的是,价格变动会引起需求量或者供给量多大的变化呢?薄利多销的经营理念是否对所有商家都适用呢?对弹性的分析有助于我们更准确地回答这些问题。

一、需求的价格弹性

弹性(elasticity)**是一个变量对另一个变量反应程度的测量**。具体地讲,就是一个变量1%的变化会引起另一个变量百分之几的变化。商品本身的价格、相关商品的价格、消费者收入等的变化都会引起需求量或需求的变化,我们可以用需求的价格弹性、交叉弹性、收入弹性来度量其变化的程度。

需求的价格弹性(price elasticity of demand)简称需求弹性。**需求弹性表示商品价格变化引起需求量变化的程度**,它等于需求量变化的比率与价格变化的比率之比。

一般情况下,需求量与价格的变动方向是相反的,所以需求弹性为负数。由于需求弹性所要关注的不是它的变动方向,而是它的变动程度,因而在计算时总是取其绝对值。

可见,由于不同商品的需求弹性不同,经营者采取的价格策略也会不同。一般来说,对于需求弹性大的商品应采取降价策略,以增加总收益;对于需求弹性小的商品应采取涨价策略,以增加总收益。

二、影响需求价格弹性的因素

(1)替代品的状况。如果一种商品的替代品很多,当其价格上涨时,人们就会去购买它的替代品,该商品的销售量就会大量减少,表现为需求弹性较大;反之,则需求弹性较小。

(2)商品的用途。如果一种商品的用途很广,当它的价格下降时,消费者就会想方设法从多方面利用它,因而对它的购买量就会显著增加,表现为需求弹性较大;反之,则需求弹性较小。

(3)人们对商品的需要程度。消费者对生活必需品的需要量比较稳定,即使价格上涨也难以减少,因此需求弹性较小;反之,对奢侈品的需要量随价格变动的波幅较大,如果价格下降,需求量就会显著增加,因此需求弹性较大。

(4)商品的耐用性及其占消费支出的比重。一般来说,耐用消费品如住房、汽车等的价格较高,占消费支出的比重较大,因而它们的需求弹性较大;而日用消费品的价格较低,占消费支出的比重较小,因而它们的需求弹性较小。

小思考

2015 年 7 月 15 日上海市上调地铁票价,以避免高峰时段拥堵。地铁的替代性如何?居民能否承受调高的票价?这项措施能实现预定目标吗?运用弹性理论分析这项措施的效果。

三、供给的价格弹性及其影响因素

在供给弹性中，商品的价格弹性是最基本、最主要的类型，因而是我们阐述的重点。

供给的价格弹性（price elasticity of supply），是一种商品的供给量对其价格变动的反应程度，其弹性系数等于供给量变动的百分比与价格变动的百分比之比。

一般情况下，商品的供给量与价格是按同方向变动的。因为价格越高，厂商愿意提供的产品就越多；反之则相反，因此商品的供给弹性为正值。

影响供给弹性的因素主要有：

(1)生产的难易程度。一般而言，容易生产的产品，当价格变动时其产量变动的速度快，因而供给弹性较大；难以生产的产品则相反，因而其供给弹性较小。

(2)生产规模。一般而言，资本密集型企业生产规模大、调整的周期长，因而其产品的供给弹性较小；而劳动密集型企业生产规模小、调整的周期短，其产品的供给弹性较大。

(3)生产成本。如果随着产量的提高，单位产品的成本轻微提高、不变，甚至降低，供给弹性就较大；如果随着产量的提高，单位产品的成本明显上升，则供给弹性就较小。

此外，自然因素、原材料的供应、技术水平等因素都对供给弹性有一定的影响。

第四节　市场均衡

市场是需求与供给共同发挥作用的场所，商品的价格是需求与供给共同作用的产物，因此必须将需求与供给结合起来，研究供需平衡时的价格决定问题。

一、均衡价格的决定

需求是商品在不同价格下的购买量，而供给是商品在不同价格下的销售量。在竞争性的市场上，对于商品的任一价格来说，其需求量和供给量可能不相等，但在该商品的价格变动中，必有一价格能使它的需求量和供给量相等，从而达到均衡状态。

均衡价格（equilibrium price）是指商品的需求量与供给量相等时的市场价格。均衡价格是由需求和供给两种力量共同决定的。在均衡价格下的交易量称为均衡交易量或均衡产量。当市场价格高于或低于均衡价格时，要么出现超额供给，要么出现市场短缺。当供过于求时，会促使价格下降，使供给减少；当供不应求时，会促使价格上升，使供给增加。因此，随着供求关系的变动，市场价格会逐渐趋向均衡价格。均衡价格的形成，可以用图 1—3 说明。

如图 1—3(a)所示，需求曲线 D 和供给曲线 S 的交点即市场均衡点，其对应的价格为均衡价格 P_E，其对应的产量为均衡产量 Q_E，因而它既是需求量也是供给量。图 1—3(b)则说明了均衡价格的形成过程。当市场价格高于或低于均衡价格 P_E 时，要么出现超额供给，要么出现市场短缺。当供过于求时，会促使价格下降；当供不应求时，会促使价格上升。在纯粹的竞争性市场中，均衡是一种必然的趋势。通过市场供求关系的自发调节，形成相对稳定的均衡价格。

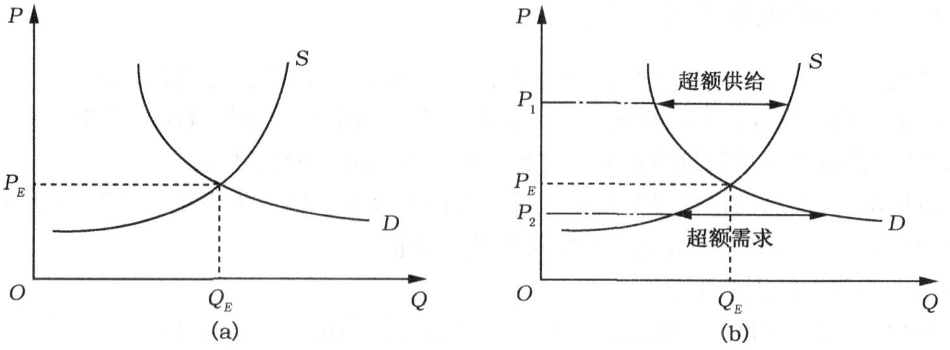

图 1—3 均衡价格的形成

二、均衡价格的变动

以上对均衡价格的分析，是在需求和供给既定，即需求曲线和供给曲线不发生移动的前提下进行的。但在现实中，影响需求和供给的因素很多，其中一种或多种因素总是在变动的，这会导致需求曲线或供给曲线的移动，因而引起均衡价格的变化。从这个意义上说，现实中的价格不一定是均衡价格，分析均衡价格的意义在于了解价格的变动趋势。

当需求和供给中只有一个变化时，均衡价格和均衡产量的变化趋势是确定的；而当两者都变动时，均衡价格和均衡产量中有一个变动趋势可确定，而另一个变动趋势则不可确定。在现实中，需求和供给都是变动的，这就要求经营者对价格的走向有准确的判断。

三、均衡价格的运用

在纯粹的竞争性市场中，需求与供给两种力量决定了均衡价格，价格机制就像一只“看不见的手”，指挥着人们的经济活动。但纯粹的竞争性市场只是一种理论假设，在现实的经济中，某些社会的、政治的因素也会影响均衡价格的形成。由于消费者或生产者的有限理性及信息不充分等因素，也会使实际价格偏离均衡价格，从而不能合理地配置资源。因此，政府常常会利用某些经济手段或行政手段，影响商品的价格与市场的供求，以协调各部门之间的经济利益关系。

(一)支持价格

支持价格是政府为了扶持某一行业的生产，对该行业产品规定的高于均衡价格的最低价格。例如，政府为了扶持农业，对某些农产品实行支持价格。由于支持价格高于均衡价格，会导致农产品的供给增加，因此政府必须采取相应的措施：一是增加财政开支收购过剩的农产品，或用于储备，或用于出口；二是对农产品实行限量生产，将生产控制在均衡的数量上，以保证供求平衡。但在实施时需有较强的指令性安排和较高的财政支出。

支持价格在农业领域反映得较为突出，美国、澳大利亚、欧洲等许多国家都实施了农产品支持价格，以提高农民种粮积极性，保护农业生产。法国 95%的农产品受支持价格保护，1962 年欧洲成立牛奶工业指导与保证基金，承担各国农产品干预收购开支和农产品出口补贴的费用。美国现行农产品价格支持计划包括：(1)农产品贷款计划，允许农民以特定农产品为抵押，从政府所有的农产品信贷公司获取无追索权贷款；(2)政府采购，主要应用于牛奶，以控制市场供应量，支撑奶制品的市场价格；(3)关税与税率配额，美国农产品进口关税率平均为12%，低于许多发达国家；(4)出口补贴，包括“奶制品出口鼓励计划”和“出口增强计划”。

(二)限制价格

限制价格是指政府为了保证人们对某些产品的需求，而对它们规定的低于均衡价格的最高价格。例如，对某些生活必需品规定限制价格，有利于安定民心和稳定生活。在限制价格的政策下，某些产品会出现短缺，市场可能形成抢购或是黑市交易。为了解决商品短缺，政府可采取措施，如实行配给制、发放购物券等，以控制需求量。但是配给制只能是权宜之计，不能长期实行，否则一方面会使购物券货币化，形成非法交易；另一方面会挫伤企业的生产积极性，使短缺更加严重。

(三)政府税收

政府可以通过税收手段来影响企业生产和行业发展。假定政府对企业征收 T 单位的从量税，将使企业的生产成本提高，因此供给曲线向左移动。在现实中，税收由消费者和生产者承担的比例，主要取决于需求弹性和供给弹性。一般情况下，需求弹性大的商品，消费者承担的比例较小。因为这类商品的价格上涨，会导致消费者需求量的显著减少，企业无法将税收转嫁出去。相反，供给弹性大的商品，企业承担的比例较小。因为税收使生产这类商品的成本提高和利润下降，企业就会显著减少它们的生产。当产品供不应求时，价格就会上涨。因此，有些限制企业生产的税收政策，常常会侵害到消费者的利益。

小思考

如果政府向消费者征收消费税，对生产者和消费者有什么影响？

小链接

价格听证会制度是价格决策民主化和科学化，消费者直接参与定价的重要形式。《中华人民共和国价格法》第23条规定，制定关系群众切身利益的公用事业价格、公益性服务价格、自然垄断经营的商品价格等政府指导价、政府定价，应建立听证会制度，征求消费者、经营者和有关方面的意见。建立价格决策听证会制度的重要意义是显著的。实行听证会制度，邀请社会各方面代表参加，有利于沟通经营者与消费者之间的联系，有利于使价格决策形成多方制约的格局，提高政府制定价格的科学性、全面性，减少盲目性、片面性，使定价更加符合实际。公共交通、铁路票价、电信资费、民航机票、自来水和居民用电等价格听证会，近年来在我国的经济生活中频繁出现。当然，政府对价格的管制要有相应的成本，所以只有关系国计民生的重要商品，政府才会干预。

练习题

一、名词解释

1. 稀缺性
2. 需求规律
3. 供给规律
4. 均衡价格
5. 需求弹性

二、单项选择题

1. 所拥有的资源不能完全满足需要这一现象被称为(　　)。

A. 机会成本　　B. 欲望无限性
C. 稀缺性　　D. 规范经济学

2. 经济学可定义为(　　)。

A. 研究市场如何运行的科学
B. 消费者如何获得受益最大化的科学
C. 研究如何最合理地配置资源的科学
D. 经济主体如何取得利润的科学

3. 经济学研究的基本问题包括(　　)。

A. 为谁生产　　B. 怎样生产
C. 生产什么和生产多少　　D. 以上均正确

4. 某商品价格下降导致其替代品的(　　)。

A. 需求曲线向左移动　　B. 需求曲线向右移动
C. 供给曲线向右移动　　D. 价格上升

5. 下列不会引起牛奶需求变化的有(　　)。

A. 奶牛饲养成本上升　　B. 医生建议多喝牛奶
C. 奶酪价格下降　　D. 牛排价格上升

6. 如果 a 商品价格上升引起 b 商品供给曲线向右移动,则(　　)。

A. a,b 为替代品　　B. a,b 为互补品
C. a 为高档商品,b 为低档商品　　D. a 为低档商品,b 为高档商品

7. 需求价格弹性大于 1 的商品是(　　)。

A. 猪肉　　B. 公共交通
C. 教育　　D. 珠宝

8. 如果某商品的一般价格为 100 元,需求数量为 50 件;价格上升到 110 元时,需求量未变化。则商品的需求价格弹性(　　)。

A. 等于 1　　B. 小于 1
C. 等于 0　　D. 等于−1

9. 下列情况中，会导致供给减少的有(　　)。

A. 替代品价格上升　　B. 生产成本下降

C. 居民收入增加　　D. 技术调整

10. 低于市场均衡价格说明(　　)。

A. 市场繁荣　　B. 市场疲软

C. 市场供不应求　　D. 需求市场不断扩大

三、思考题

1. 市场均衡规律是什么？在生活中有哪些体现？

2. 面临资源短缺的情况，为了满足需要，你会怎样解决？

第二章
消费者行为

没有什么能比水更有用，然而水很少能交换到其他东西；相反，钻石几乎没有什么用，但却经常可以交换到大量的其他物品。为什么？

——亚当·斯密在《国富论》中提出的价值悖论

第一章通过分析需求和供给及其相互关系，说明了均衡价格的形成与变动。需求是消费行为的表现，而供给是生产行为的表现。因此，本章将在需求规律的基础上，进一步研究和分析消费行为，以解决消费者如何才能取得消费效用最大化的问题。

第一节　基数效用

在经济学中，对消费效用的确定采用了基数效用和序数效用两种方法。下面先用基数效用来分析消费行为。

小思考

如果羊肉串卖一元钱一串，你会吃多少串？如果电影票十元钱一张，你会一天连看几场吗？我们可以借助效用和边际效用这两个概念来分析这些问题。

一、效用和边际效用

经济学认为，商品价值是由它的效用决定的。**商品的效用（utility），是指消费者通过使用商品所取得的好处。这里的效用是商品的客观作用与消费者的主观感受相统一的表现。**

消费者行为取决于他的动机，这种动机主要来自他的欲望，或是为了满足物质需要，或是为了满足精神需要，或是兼而有之。人可以有各种各样、不同层次的欲望。由于效用包含人的主观心理感受，因此，同样的商品对不同人的效用是不同的，即使是对同一个人，由于时间或地点不同，其效用也可能不同。

经济学家认为，效用可以用基数词来确定、计算和比较，这种理论称为基数效用论。例如，一个面包的效用是10.5单位，一件衣服的效用是90单位，一幢房子的效用是50万单位等。这种理论认为，消费者可以通过主观评价来确定商品的效用大小，因此有明显的主观性。

对于商品的效用，可计算它的总效用和边际效用。**总效用(total utility)是指消费者消费一定量商品或劳务所取得的效用总和。**一般情况下，总效用会随消费数量的增加而增加。**边际效用(marginal utility)是指增加最后一单位商品或劳务带来的总效用的变化量。**一般情况下，边际效用会随消费量的增加而减少。假定消费者消费1个面包，他获得的总效用是10，边际效用也是10；而消费2个面包，他获得的总效用是18，边际效用则是8；依此类推(如表2—1所示)，该消费者获得的总效用先增后减，而边际效用是不断下降的。

表2—1 **总效用与边际效用**

消费品数量	总效用	边际效用
1	10	10
2	18	8
3	24	6
4	28	4
5	30	2
6	30	0
7	28	−2

在其他条件不变的情况下，一种商品的边际效用会随着消费数量的增加而减少，边际效用可降到零，甚至是负数。为什么边际效用会递减呢？根据西方学者的解释，有两个原因：一是生理或心理的原因。人的欲望虽然多种多样、永无止境，但就每个具体的欲望来说则是有限的。开始时欲望最大，随着商品消费的增加，欲望随之减少，感觉上的满足程度也逐渐下降。二是因为物品用途有多样性，且重要性各不相同。人们首先把它用于最重要的地方，然后才会用于次要的地方，故后一单位物品给消费者带来的满足或提供的效用一定小于前一单位。

在消费商品的过程中，总效用不断增加而边际效用却在下降。当边际效用等于零时，总效用最大。当边际效用为负值时，总效用也开始下降。由于边际效用决定于物品的稀缺性，而边际效用又是形成商品价值的基础，于是，有些用处极大的东西(如水)，由于数量上很多，货币意义上的价值就很小；而有些用处很小的东西(如钻石)，由于数量上极少，反而很值钱，这可以用边际效用递减规律与需求曲线之间的关系来说明。

小链接

当一张价格为10元的电话卡能为你提供100分钟的长途电话服务时，刚开始打电话给亲人、朋友、同事带给你的效用可能远远超过10元钱带给你的效用，所以你会很高兴地买电话卡。但是随着你不断地打电话，渐渐地打电话给你带来的效用可能会和10元钱一样，如果继续打电话给你带来的效用还不及10元钱的效用(如再打电话无话可说，甚至觉得啰唆)……所以，当打电话给你带来的效用小于10元钱的效用时，你会停止购买。

当一个人很穷时，10元钱能给他带来很大的效用和满足，而当一个人很富时，即使面对

10 000元钱可能也会无动于衷。由此,随着财富或者收入的增加,货币的边际效用也会递减。但是,在收入不变的条件下,每一单位货币对同一个人的效用是相同的。对不同收入的人而言,每一单位货币的效用显然是不同的。所以我们可以体会到,为什么有些人步行很长的路程,只是为了节约一元钱的车费,而有些人经常乘坐出租车,不考虑车费的支出。

小链接

从20世纪80年代初开始,中国老百姓在过春节的年夜饭中增添了一套诱人的内容——春节联欢晚会。在娱乐事业尚不发达的中国,1982年第1届春节联欢晚会的出台引起了极大的轰动,春晚节目成为全国老百姓在街头巷尾和茶余饭后津津乐道的内容。办春晚的传统一直传承到今天,晚会投入的人力、物力越来越多,技术效果越来越先进,场面设计越来越宏大,节目种类也越来越丰富。但不知不觉中,人们对春节联欢晚会的评价却越来越差了,原先在街头巷尾和茶余饭后的赞美之词变成了一片批评声,各种挑剔、指责的声音不绝于耳。春节联欢晚会成了一道众口难调的大菜,晚会也陷入了"年年办,年年骂;年年骂,年年办"的怪圈。

春晚现象背后的原因何在?其根源与边际效用递减规律有关。在其他条件不变的情况下,随着某种物品消费量的增加,消费者从中得到的效用越来越少,这就是边际效用递减规律。边际效用递减规律是一种主观感受和生理反应共同作用的结果,反复接受某种刺激,反应神经就会越来越迟钝。尽管节目本身的质量在整体提升,但人们对晚会节目的感觉却越来越差。这种规律在生活中普遍存在。

二、边际效用与需求规律

需求规律认为,在其他条件不变的情况下,消费者购买的商品数量与该商品的价格呈反向变化。根据需求规律,我们可以画出一条向右下方倾斜的需求曲线。下面我们利用基数效用理论对此做进一步的分析。

在其他条件不变时,消费者对某一商品的需求曲线完全取决于这种商品对它的边际效用。消费者购买商品是要支付货币的,货币和其他商品一样也有效用。消费者之所以愿意用货币去购买商品,是因为商品给他带来的效用与他支付的货币效用相同。如果商品对他的效用大,他愿意支付的货币就多;如果商品对他的效用小,他愿意支付的货币就少。根据边际效用递减规律,随着消费者购买的商品数量增加,该商品的边际效用就会下降,人们愿意支付的货币数量也会减少。

一方面,随着购买的商品增多,商品的边际效用递减;另一方面,随着购买的商品增加,所持货币减少,货币的边际效用递增。因此,商品的边际效用递减和货币的边际效用递增,共同决定了需求曲线向右下方倾斜。

三、消费效用的最大化

为了使花费一定量货币获得的总效用最大化,在价格既定的情况下,消费者应买进哪些商品?各种商品的购买量应为多少?当消费者做出合理的选择时,他不会再对消费行为进行调整,因为他已经实现了效用的最大化,也就是实现了消费者均衡。

所谓“消费者均衡”(consumer's equilibrium)**，是指在货币收入和商品价格既定时，消费者购买各种商品获得的最大总效用**。可以说，这时消费者的行为是最经济、最合理的。这里需要注意的是，消费者获得的最大效用，并不是消费者的欲望得到完全满足，而是在既定支出下得到的最大化效用，或者说实现了效用一定时的最小化支出。

假设某消费者购买 X、Y 两种商品，如果他花费 100 元货币购买 X 的边际效用大于购买 Y 的边际效用，他就会增加购买 X，而减少购买 Y，这样可以使他获得的总效用增加；相反，如果他购买 X 的边际效用小于购买 Y 的边际效用，他就会减少购买 X，而增加购买 Y，这样也可以使他获得的总效用增加。当然，消费者实际需要的商品可能很多，不限于 X、Y 两种，但是再多的商品也可以对它们的边际效用进行比较，从而决定购买的比例。

实践表明，只有当相同货币购买各种商品的边际效用相等时，购买者才会取得消费效用的最大化，这时他们不再需要改变各种商品的购买比例，因为任何改变都会使消费的总效用减少。

因为在不同商品上，单位货币所体现的边际效用相等，所以消费者取得的总效用最大，因而效用最大化即消费者均衡的条件为：单位货币购买各种商品的边际效用相等。消费效用最大化的条件又可表述为：各种商品的边际效用之比分别等于它们的价格之比。

相对于消费者均衡，还有消费者剩余。**消费者剩余**由美国经济学家**马歇尔**最早从边际效用价值论演绎而来，**是指消费者消费一定数量的某种商品愿意支付的最高价格与这些商品的实际市场价格之间的差额。**

消费者剩余＝买者愿意支付的最高价格－买者的实际支付价格

假如小王有一张周杰伦的签名 CD，但他本人并不是周杰伦的歌迷，因此决定把专辑以拍卖的方式卖出。A、B、C、D 四个周杰伦的歌迷参与拍卖。他们每一个人都想获得这张专辑，但每一个人愿意付出的代价不一。每一个人愿意付出的最高价格称为支付意愿。A 最高愿意出 100 元，B 最高愿意出 80 元，C 最高愿意出 70 元，D 最高愿意出 50 元。为了卖出专辑，小王得从低价开始叫价，比如说从 10 元开始，由于愿意支付的人多，价格很快上升。当 A 报价 80 元时，叫价停止。因为在这一点上另外三个人不愿叫出高于 80 元的价格。A 付出 80 元得到了专辑。但是 A 愿意支付的最高点是 100 元，因此 A 得到了 20 元的消费者剩余。

第二节 序数效用

上面是用基数效用的方法来分析消费者行为，但是用自然基数来确定商品效用有难以克服的障碍。为了弥补基数效用方法的缺陷，经济学又建立了序数效用方法。

一、序数效用的含义

序数效用论者认为，虽然商品的效用难以用基数词准确计量，但是可以根据消费者的偏好程度，用第一、第二、第三等序数词来表示商品效用的大小。这种**通过排序来确定商品效

用水平的方法,称为序数效用论。序数效用方法有以下三条规定:

第一,可比性。消费者在选择商品 A 和 B 时,可能有三种不同的情况:(1)认为 A 的效用大于 B;(2)认为 A 的效用小于 B;(3)认为 A 的效用等于 B。这说明不同商品的效用是可以比较的。

第二,确定性。对同一个消费者来说,在选择商品 A 和 B 时,不能既认为 A 的效用大于 B,同时又认为 A 的效用小于 B。也就是说,商品的效用是可以确定的,因此消费者的选择不能自相矛盾。

第三,推断性。如果消费者认为 A 的效用大于 B,而 B 的效用又大于 C,那么对他来说,A 的效用一定大于 C。也就是说,不同商品的效用,在已有比较的基础上可以做出延伸的判断。

序数效用强调的是效用的相对水平,而基数效用注重的是效用的绝对数值。虽然序数效用也有缺陷,但是比基数效用有了进步,因而是对基数效用的补充和发展。

小思考

如何认识基数效用和序数效用的差别?

二、无差异曲线

由于序数效用理论认为效用不能用数字准确计量,所以就不能采用基数效用的计算方法,而主要采用作图分析的方法,其中用到的两个重要工具是无差异曲线和预算线。

无差异曲线(indifference curve)是消费者消费不同组合的两种商品而取得相同的总效用的轨迹。表 2—2 为无差异表,它显示四种不同的商品组合给消费者带来的总效用是相同的。假定商品可以无限细分,与组合 A 效用水平相同的组合还有无数个。根据表中所列数据,可绘制无差异曲线(如图 2—1 所示)。

表 2—2　　带来相同总效用的梨和苹果的组合

组　合	梨(Y)	苹果(X)
A	10	2
B	6	3
C	4	4
D	2	6

无差异曲线有如下特点:

(1)在同一坐标上,越是靠近原点的无差异曲线,代表不同商品组合的总效用水平越低;反之则反是。

(2)无差异曲线是不会相交的。因为当两条无差异曲线相交时,交点代表的总效用是相同的,这就与两条无差异曲线代表不同的总效用相矛盾,所以是不可能的。

(3)无差异曲线的斜率为负值,此特点表明消费者要减少商品 Y 的消费,就要增加商品 X 的消费,才能使总效用水平保持不变。

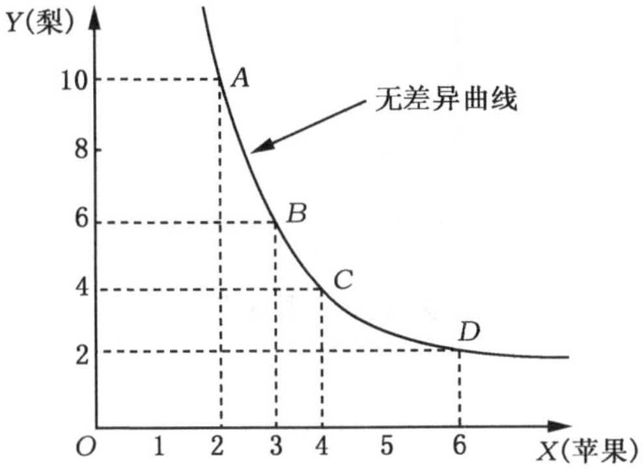

图 2—1　无差异曲线

(4)无差异曲线凸向原点，表明其斜率的绝对值是递减的，也就是说，消费者每增加 1 单位商品 X 所愿意放弃的商品 Y 的数量是递减的。通常将无差异曲线上点的切线的斜率称为边际替代率。

边际替代率(marginal rate of substitution)是指在保持相同效用水平的前提下，消费者增加一种商品而必须放弃另一种商品的比例。例如，增加一单位商品 X 而必须放弃商品 Y 的数量，称为商品 X 对商品 Y 的边际替代率。根据边际效用递减规律，可以得出边际替代率递减的结论。

例如，小李是一位注重健康和生活质量的公司白领，为了保持健康和营养均衡，在购买水果时她注重水果的搭配：温热的芒果与凉性的山竹搭配，每次购买 6 个芒果和 4 个山竹。在芒果有限的情况下，小李可以将 1 个芒果替换为山竹，购买 5 个芒果和 5 个山竹，获得相同的效用。但当芒果数量继续减少时，山竹就不能以同样的比例替代芒果，即边际替代率递减。

三、消费支出的预算线

消费者总想购买效用水平较高的商品组合，但受到实际收入水平的限制。如何在既定收入条件下，实现购买商品的最佳组合，这就需要利用消费支出**预算线(budget line)**。

假设消费者打算花 20 元购买苹果和生梨。苹果的价格为每千克 5 元，生梨的价格为每千克 3.3 元。消费者如将 20 元全部用于买苹果，则可买 4 千克；全部用于买生梨，则可买 6 千克；还可同时购买 2.5 千克苹果和 2.3 千克生梨。假定商品可以不断细分，则 20 元购买的苹果和生梨的组合可能有许多种。

由此可见，**预算线是表示在既定收入和价格的前提下，消费者可以最大限度地购买两种商品的变动轨迹。**预算线的位置和斜率取决于消费者的收入和商品的价格。在预算线、横轴、纵轴构成的三角形中，在预算线 AB 以内的任何一点上，表示消费者的收入在购买两种商品后还有剩余；而在预算线 AB 以外的任何一点上，表示消费者的收入在购买两种商品时有缺口；唯有预算线 AB 上的点，才表示消费者的收入能最大限度地购买到的商品组合(如图 2—2 所示)。

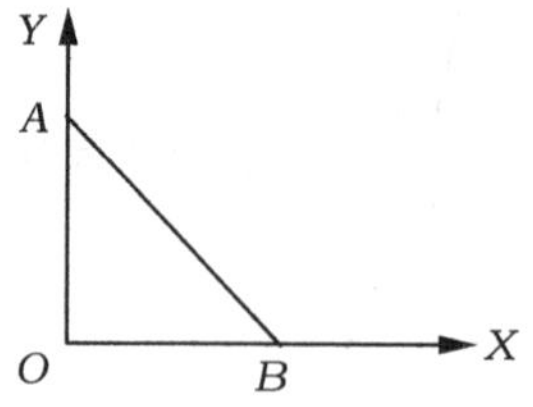

图 2—2 预算线

四、消费效用的最大化

根据消费效用最大化的原理，要求既定的消费支出的预算线与尽可能高的无差异曲线相切。因为两者的切点表示既定收入下可以购买两类商品的最大组合，即可取得消费效用的最大化；也可以看作是既定的无差异曲线与尽可能低的消费支出预算线相切，切点表示达到既定效用目标时的消费支出最小化，如图 2—3 所示，既定收入能够实现点 M 和 N 所代表的商品组合，但效用水平低于点 E。在切点 E 处所代表的商品组合，是在既定收入条件下能给消费者带来最大效用的商品组合，切点 E 处无差异曲线 I_1 的斜率(边际替代率)等于消费支出预算线 AB 的斜率，即消费效用最大。

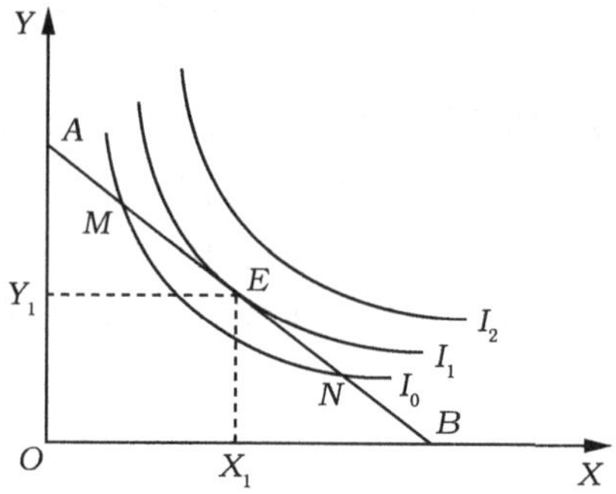

图 2—3 消费效用最大化

分析结果表明，消费者在购买两种商品时，每单位货币取得的边际效用是相等的，即实现了消费效用的最大化。可见，用序数效用方法与基数效用方法得出的结论是相同的，这一消费者均衡的原则，在分析多种商品的消费效用最大化时也是适用的。

第三节* 消费均衡的变动

在消费偏好即无差异曲线不变的前提下，如果价格和收入发生变动，消费者的均衡点即消费者的选择会如何调整？以下将做进一步研究。

一、替代效应和收入效应

假设在收入水平不变的前提下，如果一种商品的价格 P_Y 不变或提高，而另一种商品的价格 P_X 下降，消费者就会增加购买商品 X，同时减少购买商品 Y。那么，预算线会发生相应的变动，新的均衡点将是新的预算线与无差异曲线相切之点。

这种价格的相对变化导致消费者做出新的选择，购买商品 X 和商品 Y 的数量都会发生变化。一方面，商品 X 的价格下跌，会使消费者增加商品 X 的购买以替代减少的商品 Y；另一方面，商品 X 的价格下降，导致消费者的实际收入水平上升，对商品 X 的消费可能增加，也可能下降，这取决于商品 X 的质量和消费者的主观偏好。

假设商品 X 和商品 Y 的价格保持不变，而消费者的收入水平提高或降低，那么消费者购买商品 X 和商品 Y 的数量会发生相应的变化，从而使新的预算线与新的无差异曲线相切，新的切点与原有切点的距离代表消费者总效用的变化程度。

以上两种情况表示两种不同的效应：

(1)**替代效应**(substitution effect)：**由于商品的价格变化，消费者增加购买跌价商品，同时减少购买涨价或相对涨价的商品，从而使总效用水平不变，这种现象称为替代效应。**

(2)**收入效应**(income effect)：**在商品价格不变的前提下，单纯提高或降低收入水平，从而导致购买的商品数量及其总效用水平发生相应的变化，这种现象称为收入效应。**

小链接

一对事业成功的夫妻，一直为特别爱哭的孩子伤脑筋。夫妻想了很多办法，但收效甚微。经过一段时间的观察和摸索，总算找到了有效的办法：买糖。孩子特别喜欢一种小颗粒糖，每当要哭时，吃几颗糖、玩欢乐球，就会安静下来。为了不让宝宝哭，每周需要买 105 个价格为 0.25 元的欢乐球和 280 颗价格为 0.1 元的糖，支出 54 元。之后，他们雇用了照顾孩子的保姆，基本要求就是不让孩子哭。在夫妻的告知和引导下，保姆很快学会了如何买糖安抚小孩的办法。一个月后，欢乐球价格下降，由原来的 0.25 元降到 0.15 元，买 105 个欢乐球的价格从 26 元下降到 16 元。保姆非常高兴。每周节省的 10 元钱保姆并没有还给雇主，而是塞进了自己的腰包，当作“小费”。就这样，降价后保姆每周花 44 元买糖和欢乐球，并赚 10 元小费，而夫妻完全不知。循环往复，保姆开始琢磨更有利可图的方式：既然欢乐球降价了，为什么不多买欢乐球而少买糖。经过不断尝试，她花 22 元买 150 个欢乐球、20 元买 200 颗糖，孩子同样非常开心。因此，保姆又从替代效应中获得了更多的“小费”。

二、正常商品、劣等商品与吉芬商品

前面已涉及过正常商品、劣等商品和吉芬商品，但没有从理论上加以准确划分，现在利用收入效应和替代效应对它们进行分析和比较，以明确它们之间的确切界限。

正常商品有两个特点：一是替代效应为正值，也就是说，当一种商品的价格下跌时，消费者会通过增加这种商品的购买，来代替其他价格未变的商品，即替代效应为正数；二是收入效应也为正值，也就是说，由于某种商品的价格下跌，在收入不变的条件下，消费者也能增加对该商品的购买，表现为实际收入的提高，即收入效应也为正数。我们把同时具有这两个特点的商品称为正常商品。

劣等商品的特点是替代效应为正值,而收入效应为负值,但是替代效应的绝对值大于收入效应的绝对值。也就是说,当商品价格下跌时,其替代效应为正值,使商品的销售量增加;但是其收入效应为负值,因为当商品价格下跌时,表明消费者的实际收入提高,所以会去购买更好的商品,使原有商品的销售量减少。虽然这种商品的替代效应为正值,收入效应为负数,但是替代效应的绝对值仍然大于收入效应的绝对值,因此市场对该商品的需求量仍然是增加的。我们把具有这种特点的商品称为劣等商品。

吉芬商品也是劣等商品,但是特殊的劣等商品。因为当其价格下跌时,尽管替代效应为正值,收入效应为负值,但由于消费者对其主观评价极差,收入效应的绝对值大于替代效应的绝对值,结果仍然是购买量下降;相反,当其价格上升时,尽管替代效应为负值,但由于消费者收入极低,不可能购买其他商品,因而对这种商品的需求量反而增大,使收入效应大于替代效应,如遇到饥荒时,劣质食品的价格上升,同时需求量增加。我们把具有这种特点的劣等商品称为吉芬商品。

罗伯特·吉芬

罗伯特·吉芬爵士(Sir Robert Giffen,1837—1910),英国著名的经济学家。"吉芬商品"就是后人纪念罗伯特·吉芬而命名的,马歇尔的需求和价格理论也是来自吉芬的经济理论。1845 年,爱尔兰发生大饥荒。吉芬研究了当时土豆价格与土豆消费量的关系,发现土豆价格虽然上涨,然而人们的需求量反而增加了。罗伯特·吉芬由此观察到,必需品在一定条件下提高价格,需求量却不降反升的现象,得出必然存在一种需求量和价格呈同方向变化的商品的结论,后人将其称作"吉芬之谜"。1891 年,罗伯特·吉芬因统计上的成就被英国国王封为二级爵士。晚年,吉芬以自己的学术权威和实际经验不断对英国的公共财政和税收提出质疑,并获得人们的公认。

很明显,劣等商品不一定是吉芬商品,但吉芬商品一定是劣等商品。一般劣等商品的收入弹性小于零,但因存在替代效应,其价格下降后需求量仍会增加。只有收入效应大于替代效应,从而需求量与价格按同方向变动的劣等商品才是吉芬商品,因而是商品中的特例。

三、恩格尔曲线和恩格尔系数

恩格尔曲线(Engel curve)是消费者的收入变化所引起的商品需求量变化的轨迹。恩格尔曲线是由 19 世纪德国统计学家恩格尔创立的,他研究了消费者的收入与商品需求量之间的函数关系,发现随着收入水平的提高,生活必需品的增长率是递减的,而高档消费品的增长率是递增的,只有劣等品的需求量是不断减少的。他根据统计资料得出结论:无论是家庭还是国家,随着收入水平的提高,收入中购买食物的比重会不断下降,后来被称为**恩格尔定律(Engle's law)。根据恩格尔定律,收入中用于食物的比重越高,表明这类家庭或国家越贫穷;反之则越富裕。恩格尔系数可以用下面的等式表示:**

$$\text{恩格尔系数}=\frac{\text{用于食物的支出}}{\text{总收入(总支出)}}$$

就社会的平均状况来说，恩格尔系数在0.6以上为贫困型，0.6～0.5为温饱型，0.5～0.3为小康型，0.3以下为富裕型。我国自改革开放以来，社会生产力显著提高，人民生活水平大幅度改善，恩格尔系数有了较为明显的下降。

恩斯特·恩格尔

恩斯特·恩格尔(Ernst Engel，1821—1896)，19世纪德国统计学家和经济学家，以恩格尔曲线和恩格尔定律闻名。他早年与法国社会学家弗雷德里克·勒普莱交往甚密，勒普莱对家庭问题很感兴趣，这使恩格尔开展了对家庭的调查。这些调查所收集到的开支数据使恩格尔确信，在家庭的收入与该户分配于食物和其他项目的支出之间，存在着一定联系。这是经济学中最早确立的定量函数关系之一。在研究工作中，他从成本方面特别研究了人类生活的价值。还调查了价格对需求的影响。他对官方统计学的影响远不仅限于德国，1885年，他参与创立了国际统计学会。

小链接

改革开放40年中国的恩格尔系数稳步下降

1978年，中国城镇居民家庭的人均生活消费支出为311元，恩格尔系数为57.5%；农村居民家庭的人均生活消费支出为116元，恩格尔系数为67.7%。2018年，国家发改委发布的《2017年中国居民消费发展报告》显示，2017年全国居民恩格尔系数为29.39%，这是历史上中国恩格尔系数首次跌破30%，2018年的恩格尔系数再创历史新低。国家统计局局长宁吉喆2019年1月21日在新闻发布会上介绍，2018年全国居民恩格尔系数28.4%，比上年下降0.9个百分点。有一个参照系是经济合作与发展组织(OECD)国家或者说发达国家是30%以下，我们在恩格尔系数上也达到了这个水平。

练习题

一、名词解释

1. 边际效用递减
2. 无差异曲线
3. 吉芬商品
4. 替代效应
5. 预算线
6. 消费者均衡

二、单项选择题

1. 无差异曲线上任意一点的斜率是(　　)。

A. 边际替代率　　B. 无差异率

C. 边际取舍率　　D. 边际组合率

2. 消费者在收入一定的情况下,购买任何两种商品的最佳购买量是(　　)。

A. 无差异曲线的最高点

B. 两条无差异曲线的交点

C. 在预算约束不变时最高无差异曲线的一点

D. 预算约束线与无差异曲线的交点

3. 将闲暇视为一种消费品,则工资增加会(　　)。

A. 提高工作时间

B. 减少劳动力供给

C. 若收入效应大于替代效应,劳动力供给增加

D. 若替代效应大于收入效应,劳动力供给增加

4. 当收入增加引起对一种商品的购买量减少,则这种商品是(　　)。

A. 正常商品　　B. 低档商品

C. 必需品　　D. 高档商品

5. 如果收入增加一倍,价格也增加一倍,预算约束线将(　　)。

A. 平行向外移动　　B. 平行向内移动

C. 向内旋转　　D. 保持不变

6. 下列情况中,实现了消费者效用最大化的是(　　)。

A. 收入购买苹果和橙子的效用相等　　B. 偏好橙子,但供应量少

C. 收入购买苹果、橙子后仍有剩余　　D. 收入不足以购买理想的水果数量

7. 假设消费者需在消费三明治和比萨之间做出选择。用横轴表示比萨数量,纵轴表示三明治数量;比萨价格为 10 元,三明治为 5 元。则预算线斜率为(　　)。

A. 5　　B. 10

C. 2　　D. 0.5

8. 关于无差异曲线,下列说法不正确的是(　　)。

A. 向右下方倾斜

B. 无差异曲线不相交

C. 对较高无差异曲线的偏好大于较低的无差异曲线

D. 无差异曲线向外突出

三、简答题

1. 假设消费者可以得到两种商品:咖啡和茶,若咖啡为正常商品,在替代效应和收入效应下,其需求分别有什么表现?如果咖啡为高档商品,又分别有什么表现?

2. 简述恩格尔系数,并解释在收入增加情况下各类商品数量及结构调整所反映的经济学原理。

第三章
生产者行为

为什么很多酒吧的一杯清水要10元，但花生米却可随意索要？“限塑令”一出，为什么大型超市积极响应，农贸市场的商贩却我行我素？为什么牛奶的瓶子是方的，而可乐的瓶子是圆的？这些都是由生产者的行为理论决定的。

在消费者行为理论中，研究的是在既定收入下，消费者如何取得商品效用的最大化；在生产行为理论中，将讨论在既定产量的条件下，生产者（厂商）如何达到生产成本的最小化，也就是企业利润的最大化。依据这样的思路，本章首先考察在一定的技术条件下，各种要素投入的变动与产量变动之间的必然联系，然后介绍有关生产成本的一些基本概念，并考察如何实现生产成本最小化和企业利润最大化的问题。

小链接

1945年丰田汽车于第二次世界大战后复工，大野耐一主管生产，并且很快就发现当时的生产计划不合理，遂将当时的月计划改成日计划，其大意是：当时丰田一个月约需生产500辆卡车，前一月月底就将月计划下达给车间，车间按计划将每个零件或部件都生产足500个之后，向下道工序转移。这种“批量等待”（等待成为一批，如500个）的生产方式造成前后工序的等待与忙闲不均，于是大野下令将月计划（每月500个）改成日计划（平均每日20个），并要求做完20个就向下转移。改善结果发现流动速度加快了、周期时间缩短了、库存积压时间缩短了、流动资金的需求也缓解了。大野因此提出了第一个在丰田生产体系中占重要地位的概念：降低生产和移动批量，可以加快流动速度、缩短周期、降低库存积压、减少对资金的需求。当然，这种日平均量的概念也成为后来的“平准化生产”的滥觞。

第一节* 短期生产

根据能否调整所有生产要素，生产可区分为短期和长期两类。在短期内，企业只能调整部分生产要素；在长期内，企业可以调整所有生产要素。由于短期生产是长期生产的前提和基础，因此，我们在分析生产者行为时，首先从阐述短期生产函数开始。

一、生产的投入与产出

生产是厂商将一种或多种生产要素进行组合创造产品的过程。生产是整个社会经济活动中最关键的一个环节，它决定了流通、分配和消费等其他环节的方式、规模和水平。

厂商在生产过程中投入的生产要素一般可以分为四种：劳动、资本、土地和经营管理。劳动是指人们在生产过程中以体力和脑力的形式提供的各种劳务；资本是指生产过程中投入的物品和货币等，如厂房、机器设备、原材料、燃料和资金等；土地不仅是指土地本身，还包括与土地有关的自然资源；经营管理是指企业家建立、组织和经营企业所表现出来的水平和能力。只有将这四种要素有机结合起来，才能生产出产品。

而将各种生产要素的投入和产出联系起来的是生产技术。通常生产一种产品可以采用不同类型的生产技术，如厂商可采用劳动密集型的技术，也可采用资本密集型的技术来生产产品。但对应于一种特定的技术，**投入的生产要素和产品的产出量之间存在着一定的数量关系，我们把它称为生产函数。**如果用 $L, K, N, \cdots$ 表示投入生产的各种生产要素的数量，而它们组合在一起的最大产出量为 Q，则生产函数可记为：

$$Q=f(L,K,N,\cdots)$$

二、短期与长期的区分

分析生产函数还要区分长期与短期。这里的“短期”(short-run)、“长期”(long-run)，不是指一个具体的时间跨度，而是指能否使厂商来得及调整生产规模所需要的时间长度。**“长期”是指厂商可以调整生产规模来调整产量的时间跨度；“短期”则指时间短到厂商来不及调整生产规模，而只能在原有厂房、设备条件下依靠增加劳动、原材料的投入来调整产量。**例如，某产品市场需求量由于某种原因暂时扩大时，厂商可通过充分利用原有设备加班加点来增加产量以满足需求，这就是短期调整产量水平的问题。相反，如果市场对该产品的需求是由于人们的偏好普遍变大而长期地增加，则厂商要增加设备和扩大生产规模来满足市场需求，这就是长期调整生产的问题。

对短期和长期来说，厂商对市场变化做出的反应是不一样的。在长期中，一切生产要素都是可以变动的，厂商的产量变动可能较大。而在短期中，只有一部分生产要素如劳动投入量及原材料数量是可变的，另一些生产要素如设备、厂房、高级管理人才等不能变动，厂商虽然可以调整产量，但产量的变化不会太大。

在这里，“短期”和“长期”的区分是相对的。在有些生产部门如钢铁工业等重工业部门中，所需资本设备数量多，技术要求高，变动生产规模不容易，几年也许算是短期的；反之，有些行业如饮食业等，技术要求低，变动生产规模比较容易，也许几个月可算是长期的。

与短期、长期相对应的一个概念是“市场期”。在“市场期”内，厂商来不及对市场变化做出任何生产要素或产量方面的反应，只能就价格或存货做出调整。

三、边际生产力递减规律

边际生产力递减规律(law of diminishing marginal productivity)**也称边际产量递减规律或边际收益递减规律。**它是指在生产技术不变的条件下，若其他投入不变而不断增加某一种投入，则这种变动投入的边际产量开始是增加的，但只要这种变动要素投入增加到一定程度，其边际产量就会逐渐减少。

这是因为在开始投入可变要素时，相对于不变的生产要素而言，可变的生产要素投入不足，增加可变投入能使固定生产要素更好地发挥作用，因而所增加的产量也在增加，即边际产量在增加。但随着可变投入的不断增加，固定生产要素变得相对不足，从而对可变要素发挥作用形成制约。这样，增加可变要素投入所带来的产量增量会越来越小，出现边际产量递减。

边际生产力递减规律发挥作用有以下几个条件：

(1)它以生产技术保持不变为前提。当今社会，技术创新很快，但是厂商选择一种特定技术后，在短期内这一前提是能满足的。

(2)它以其他投入不变为前提，并且所增加的生产要素是同质的。如果其他投入与所说的某一种投入同步增减，就不会出现边际产出递减了。如果增加的生产要素更为有效，边际收益也不会递减。

(3)边际产出递减是发生在可变投入超过某一程度之后，在此之前边际产出一般是递增的。因此，从边际产出递增到边际产出递减有一个转变过程。

在生产中，边际收益递减的例子很多。比如，在农田里撒化肥可以增加农作物的产量，当你向一亩农田里第一次撒 100 千克化肥的时候，增加的产量最多；第二次撒 100 千克化肥的时候，增加的产量就没有第一次撒 100 千克化肥增加的产量多；第三次撒 100 千克化肥的时候增加的产量就更少，也就是说，随着所撒化肥的增加，增产效应越来越低。

小链接

经济学家马尔萨斯人口论的一个主要依据便是报酬递减定律。他认为，随着人口的膨胀，越来越多的劳动耕种土地，地球上有限的土地将无法提供足够的食物。最终劳动的边际产出与平均产出下降，但又有更多的人需要食物，因而会产生大的饥荒。幸运的是，人类的历史并没有按马尔萨斯的预言发展(尽管他正确地指出了“劳动边际报酬”递减)。

20 世纪，技术飞速进步，改变了许多国家(包括发展中国家，如印度)食物的生产方式，劳动的平均产出因而上升。这些进步包括高产抗病的良种、更高效的化肥、更先进的收割机械。在第二次世界大战结束后，世界上总的食物生产的增幅总是或多或少地高于同期人口的增长。

第二节*　长期生产

在长期内，投入的所有要素都是可变的。假定生产者只使用劳动和资本两种可变生产要素来生产一种产品，则两种可变生产要素的长期生产函数可以写为 $Q=f(L,K)$。这种分析对两个以上的可变要素投入也适用，因为可以把其中一种可变要素看作是所有其他可变要素的组合。我们在两种投入要素可以相互替代的假定下分析长期生产函数，这要借助于等产量曲线、等成本线等基本概念。

一、等产量线

生产理论中的等产量曲线和效用理论中的无差异曲线是很相似的。**等产量线(isoquant curve)也称等生产线,是生产技术不变条件下生产出相同产量的两种生产要素不同组合描述出来的轨迹。**设要生产 100 件某种产品,其生产要素 L 与 K 的组合如表 3—1 所示,则相应地可画出等产量线(如图 3—1 所示)。

表 3—1　　生产要素的各种组合

组合方式	L	K	Q
A	10	80	100
B	20	40	100
C	40	20	100
D	60	13.3	100
E	80	10	100

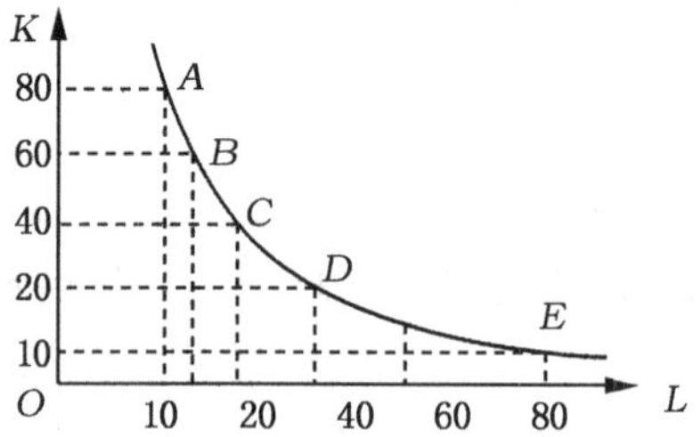

图 3—1　等产量线

等产量线有以下特点:

(1)在同一坐标上,等产量线可以有无数条,每一条代表一个产量,而且距离原点越远的等产量线所代表的产量水平越高。

(2)任何两条等产量线不能相交。否则,交点就对应了两个不同的产量水平,这与等产量线的性质产生矛盾。

(3)等产量线向右下方倾斜且凸向原点。这表明在同一等产量线上一种要素投入的增加或减少必定有另一种要素的减少或增加来平衡,而且这种要素之间替代的比例逐渐减小,即增加一单位 L 可以替代的 K 的数量越来越少。

等产量线向右下方倾斜很好理解,但为什么等产量线凸向原点呢?这是因为边际技术替代率(绝对值)递减。**边际技术替代率(marginal rate of technical substitution)是指生产者在保持产量水平的前提下,增加一单位某种要素的投入量可以代替的另一种要素的投入量。**

二、等成本线和投入的最优组合

厂商选择等产量线上的哪一点所代表的投入组合进行现实生产，取决于厂商计划的投资成本。这类似于消费者选择无差异曲线上哪一点所代表的商品组合一样，受消费者的收入预算约束。这里与预算线相似的一个概念是等成本线。

等成本线(isocost line)是指在生产要素价格不变的前提下，用等量的成本所购买的不同生产要素组合所形成的曲线。其位置和斜率取决于厂商愿意支出的成本和投入要素的价格。

如果两种投入要素的价格不变，增加投资会使等成本线平行右移，减少投资会使等成本线平行左移。如果生产要素价格变动，则等成本线的变动类似于消费者理论中预算线的变动，可参考以前讲过的方法加以推断。

当厂商不仅考虑产量，而且考虑要素成本时，如何选择最优的投入组合呢？我们可以根据等产量线和等成本线的关系加以说明。

根据等产量线与等成本线的性质，很容易发现，既定等成本线与尽可能高的等产量线的切点表示成本既定条件下的产量最大化，既定等产量线与尽可能低的等成本线相切，切点表示产量既定条件下的成本最小化。

这便是生产者均衡或者说投入要素最优组合的条件，即每一单位成本所购买的生产要素所得到的边际产量都相等。如果资本边际产量与其价格之比大于劳动边际产量与其价格之比，表明增加一单位资本投入所带来的产量增加比较大，理性的厂商一定会选择增加资本的投入；反之，则会增加劳动的投入，直到满足上述最优组合条件为止。

三、生产的规模收益和范围经济

从前面的分析我们知道，在短期内由于固定生产要素无法增加，某一种可变要素投入的增加必然带来边际生产力递减现象；而在长期内假定产量不变，某一种要素投入的增加必然导致边际技术替代率递减现象。现在我们考虑，在长期内当所有要素投入和产量都能改变时，投入变化与产量变化存在什么关系？生产扩展线表明随着投入的成本增加，或者说随着投入的资源增加，生产规模不断扩大的过程。这种生产规模的扩大对厂商具有何种意义呢？会带来怎样的影响呢？规模收益理论对此进行了分析。

规模收益也称规模报酬，是指在技术水平和生产要素价格不变条件下，按相同比例改变所有生产要素投入的数量时，产出的变动情况。规模收益存在如下三种情形：(1)产量增加的比例大于生产要素的增加比例，这种情况称为规模收益递增。(2)产量增加的比例小于生产要素的增加比例，这种情况称为规模收益递减。(3)产量增加的比例等于生产要素的增加比例，这种情况称为规模收益不变。

大规模生产中，工人们可以进行更有效的分工协作使得效率提高，要素的大规模投入可能使要素的利用效率提高，厂商活动的大规模化会给它带来筹措资金、购买原材料和半成品、销售等方面的好处。以上这些因素就是所谓的规模经济或者批量生产的优势。**所谓“规模经济”，是指由于生产规模的扩大而引起的产品平均成本的降低**。但是，带来规模经济的各种因素都是有一定极限的，当生产规模达到一定程度后，分工太细可能带来副作用，规模过大可能导致成本急剧提高,管理、协调困难加大,资源条件、产品销路受到市场限制,**这些因素可能反而导致产品平均成本的提高,这种现象称为规模不经济**。

由于不同阶段规模经济和规模不经济的作用,规模收益会出现以下三种情形:

(1)规模收益递增。厂商在生产规模逐步扩大的过程中,由于分工更细、专业化程度更高、协作效率和管理水平不断加强,生产要素的购买和产品销售等方面的优势越来越明显,副产品的开发和利用也得以实现,这些都会使产品的平均成本下降,使规模收益递增。

(2)规模收益不变。规模收益递增到一定程度,规模经济得到充分发挥,随着生产规模的扩大,产品的平均成本不再降低,即规模收益不变。这一状态的出现,表明生产规模扩大的优势已经充分实现,因此不适宜继续扩大生产规模。

(3)规模收益递减。如果生产规模扩大超过一定程度,生产管理指挥系统会过于庞杂,信息在传递过程中极易被延误或扭曲,使得管理效率下降,造成生产成本提高和规模收益递减。在这一状态下,厂商需要通过压缩生产规模来避免收益下降。

规模收益递减现象说明生产规模或企业规模不能无限制地扩大,厂商不可盲目求大。在企业扩张过程中,要根据行业的特点,选择最优规模进行生产。

上面分析了单一产品生产条件下的投入要素的最优组合问题。如果厂商生产的产品不止一种,在多种产品生产的条件下,厂商又会如何安排生产呢?厂商从事多种产品的生产,有可能会产生范围经济的问题。

所谓"范围经济",是指企业通过扩大经营范围、增加产品种类而引起的单位成本降低和收益提高。与规模经济不同,它通常是企业在生产某种系列产品或相关产品的过程中,使单位产品的平均成本下降和收益增加。

这里的相关产品是指两种或两种以上,可以共享某些设备、技术、管理等资源条件,并在技术特性上有相同或相近之处的产品。范围经济形成的竞争优势主要有以下几个方面:

(1)生产成本优势。表现为相关产品在生产中可分摊固定成本、降低变动成本。如可分摊固定资产的折旧费用,从而降低单位产品的固定成本;又可降低采购成本、提高资源利用率等,从而降低单位产品的变动成本。

(2)差异化优势。差异化是指企业提供产品的多样性,包括产品的质量、功能、外观、品种、规格及提供的服务等,这种多样性能使消费者认同该产品,并区别于其他企业提供的类似产品。范围经济形成的差异化优势特别明显,差异化一方面满足了顾客多样化、个性化的需求,另一方面也是企业寻求范围经济的出发点和追求的目标。

(3)市场营销优势。在买方市场条件下,获得市场营销优势是企业成功的关键。市场营销的关键在于正确定位目标市场,比竞争者更有效地满足市场需求。市场营销强调满足消费者的需要和欲望,从营销理论来说,就是从产品、价格、地点(又称分销)、促销、公共舆论等方面体现企业的竞争能力。而范围经济形成的成本优势和差异化优势,体现了企业在产品、品质和价格方面的竞争能力。同时又能在内部建立的营销平台上,利用原有的渠道销售多种产品,还能更好地利用企业已经形成的品牌优势,为新产品开拓市场,同时也对跟进者形成巨大的进入障碍。

(4)技术创新优势。首先,对范围经济的理解和受益,使企业管理层对新产品、新工艺的开发更加重视;其次,范围经济的利益驱动可以导致科技创新的良性循环,持续的创新活动将使企业在应用新材料、采用新工艺、培养创新团队、加强市场调研等方面获得突破，最终将形成企业强大的核心竞争优势。

(5)抵御风险的优势。范围经济在降低成本、差异化、市场营销和技术创新等方面获得竞争优势，实际上是增加了企业抵御风险的能力。同时，范围经济还强化了企业的“新陈代谢”和互补性(尤其是对于受季节性影响较大的企业)，使企业新老产品的更替得到互补等。

范围经济在许多企业的生产经验中都有表现：一开始生产洗衣机的海尔公司随着企业规模的扩大和市场地位的提升，开始向空调、电视、冰箱等各类家用电器扩展；微软公司不断开发了操作系统、办公软件、浏览器等一系列关联产品，以取得范围经济。与我们日常生活息息相关的银行也存在范围经济，各银行都不断扩大**业务**范围，进行适度混业经营，以提高银行的**收益率**和绝对收益水平。在传统储蓄—贷款业务外，银行纷纷涉足个人理财、企业工资发放、税收代扣、房地产、养老领域等。

高校扩招、大学发展综合化也是范围经济的典型代表。在建校之初，各高校都有自身专长的领域和专业，学校间特色较明显，招生数量有限。随着市场经济的发展、教育政策的改革和学校资金来源的调整，高校为获得更多生源、扩大学校影响力，在传统学科的基础上大力发展相近学科，提高了我国整体受教育水平，为学生提供了更多的受教育机会；但也暴露了专业设置趋同、教学质量有待加强等问题。

小链接

全球金融危机不仅给国内家电业的制造规模造成了影响，而且也加速了企业集团内外产业板块的整合与重组，如美的与小天鹅、荣事达洗衣机业务的重组，长虹与美菱空调业务的重组。国内家电企业正通过组建巨型“航母”来发挥单品类的规模经济和多品类协同的范围经济，从而构建像跨国公司一样的产业架构和国际竞争力。

美的、长虹的产业板块重组有两种经济在支持——规模经济和范围经济。规模经济是指在一个给定的技术水平上，随着规模扩大、产出增加，平均成本逐步下降，这些企业都把自己起家的产品做到了行业前三名，获得了相对于其他企业的规模经济。范围经济是指在相同投入下，由单一企业生产关联产品比不同企业分别生产关联产品中每种单一产品的产出水平要高，产品线拓展带来的一个集团内产业的范围经济，为产业的协同找到了新的途径。以美的为代表的国内企业的产业重组就是沿着规模经济和范围经济在发展。

现在的产业竞争已不是一对一的单产品之间的竞争，而是进入到大集团作战的状态。单一产品可以获得规模经济，但很难获得范围经济，这就是任何一个跨国公司都拖着长长产品线的根本原因。现在国内剩下的企业基本上发展成了大集团，这种产业结构可以获得越来越多的经济性。这些企业实际上已成为一个“航母”集群，在这个平台上可以搭载多个品牌、多个品类。这些品牌和品类因为停泊在“航母”平台上，所以“续航”能力增强，综合能力也得到了“航母”平台的支撑，这对整个集团的竞争力是一个根本性的提升。

第三节 成本的定义及分类

研究生产者行为,不仅要了解总产出、平均产出和边际产出等生产的实物结果,更要关注投入的成本和取得的利润等生产的价值结果。成本是经济学的基本概念之一。从一般意义上说,成本是为了达到某种目的或获得某种商品所付出的代价。接下来着重介绍几个主要的成本概念。

一、会计成本与经济成本

会计成本(accounting cost)是指能在会计账目中得以反映、厂商在生产经营中支付的所有费用。

影响厂商决策的经济成本也叫机会成本(opportunity cost),是指由于使用某些稀缺资源而放弃该资源其他用途的最高代价。例如,某人用自己的地段较好的房子开设一家美容店。如果出租这间房子,每月的租金为 1 000 元,除此别无其他用途。那么此人开设美容店的经济成本中应包括 1 000 元的机会成本,但这 1 000 元不算入他开美容店的会计成本中去,因为他不用支付租金。当然,此人开设美容店的经济成本还包括其他成本项目。

在经济分析中,经济成本是显性成本和隐性成本的总和。

二、显性成本与隐性成本

显性成本(explicit cost)是指厂商在生产过程中用于购买生产要素的实际支出。例如,雇用工人的工资支出、购买原材料的支出、借入资本的利息支出等。显性成本即会计成本,在生产经营活动中容易被厂商注意到。

隐性成本(implicit cost)是指厂商在生产过程中投入的自己拥有的生产要素的总价格。例如,厂商自己投入资金应该获得的利息,自己劳动应该获得的报酬,自己的房子投入生产而失去的本可以获得的租金都属于隐性成本。隐性成本容易被厂商忽略或者不被准确地估算,往往可能导致厂商决策失误。

对许多小规模工商企业来说,隐性成本所占的比重相当高,因为厂商自己投入要素的比例大。而对现代大型企业来说,厂商自己拥有的生产要素比例较低,相应地隐性成本所占的比重较低。

一位实习生曾与某知名洗发水生产企业的仓库管理人员讨论库存管理问题,这位主管很骄傲地称他们的工厂是“零”库存管理。实习生听了非常惊讶和佩服,因为真正能做到“零”库存管理的企业管理体制一定非常完善,于是好奇地问他是如何做到“零”库存管理的。管理者说:“我们要求所有的供应商都在我们厂附近租赁仓库,将企业需要的材料存放在仓库里面,有生产需要的时候就通知供应商立即送来。”实习生回答:“原来企业是将库存的成本转嫁给供应商承担了,这样的‘零’库存真的合理吗?供应商成本的增加不会导致材料价格的增加吗?‘羊毛出在羊身上’的道理大家都懂。”这位主管立马反驳说:“不会啊,供应商供给其他客户也是这个价钱。”两人继续交谈，后来管理者抱怨说工厂的产品时常出现品质问题，而发生品质问题的主要原因是供应商所供应的材料不合格，这使得实习生马上明白了问题所在。显而易见，在相同售价的前提下，如果供应商的成本增长，获利自然会减少，在利润无法满足企业生存发展的情况下，企业自然不会提供优质的产品给客户。因此，企业生产中面临许多隐形成本，一些是必需的，一些则是“人为”产生的。

三、经济利润、会计利润和正常利润

有了成本的概念，我们就可以进一步了解利润的概念。一般来讲，利润等于收益减去成本，但使用不同的成本概念就会得到不同的利润概念：

会计利润＝收益－会计成本

经济利润＝收益－经济成本

由上述分析我们知道，由于经济学家对成本的考虑比会计师涉及的范围更广，经济成本就会比会计成本要大。因为通常的会计成本仅仅考虑显性成本，而经济成本不仅包括显性成本，而且也包括隐性成本，因此，经济利润就会比会计利润要小。一般情况下，**我们把经济成本超过会计成本的部分称为正常利润，也就是厂商投入经营活动的各项资源的机会成本超过会计成本的部分。**

正常利润其实就相当于隐性成本，是要使一个厂商继续留在原产业从事生产经营所必需的最低报酬。如果他得不到这笔报酬（或者说，假如产品的卖价仅能补偿工人工资、原材料和固定资本的折旧费），他会将资本转移到其他产业。所以正常利润是该企业的产品得以生产出来的必要条件和必须支付的代价。正常利润和经济利润无关，是厂商对自己生产经营提出的一个利润要求。

在经济学分析中，正常利润通常是指社会通行的投资回报率，或者资金的平均收益率。这种平均收益率就是厂商使用资金的机会成本，也就是厂商将资金投资于其他领域所能得到的正常收益。因此，正常利润包括在经济成本之中，因为它是机会成本的组成部分。当厂商的会计利润恰好等于正常利润的时候，其经济利润等于零，厂商正好补偿投入要素的全部机会成本，包括投入资金的正常回报率。因此，如果我们说厂商的利润为零，并不是说该厂商没有盈利，而是指它处在一种正常的经营状况之中。当厂商的会计利润超过正常利润，其经济利润为正时，我们就说厂商获得了超额利润；而当厂商的会计利润低于正常利润时，这一厂商在经济学意义上就是亏损的。在本书以下各章节中，如果不是特别指出，我们提到的利润都是指经济利润。

四、成本的动态变化：学习的作用

产量或生产规模的调整对于成本的影响是十分重要的，与此同时，经营者或生产人员对于生产经验、管理经验的掌握和累积也会对成本的变化产生影响。生产经验的累积及其对成本的影响体现为一个动态的过程，即为“干中学”的过程。

通过“学习”，生产效率得以提高，生产成本也就会降低，因而企业人员的学习与产品的生产成本呈反方向变化。学习对于生产和成本的影响具体表现如下：

(1)生产人员在生产过程中学习，对技术、流程及相关知识越来越了解，操作越来越熟练,单位产品所耗费的劳动时间和成本支出越来越少,既定劳动时间和成本开支所生产出来的产品数量也就越来越多。

(2)管理人员在管理过程中学习,逐渐掌握适合企业的管理方法,协调组织能力日益增强,管理效率不断提高,使单位产品所耗费的成本降低。

(3)设计人员在长期的设计过程中学习,对产品的优缺点和市场需求越来越了解,设计出的产品适销对路,而且设计所耗费时间和成本也在降低。

(4) 市场营销人员在工作中学习,采购、销售经验的积累和营销网络的建立,也会使单位产品的营销成本下降。

由此可见,学习会使厂商的长期平均成本下降。但是,不管学习效应有多大,产品生产总是要耗费一定时间和成本的,但是不可能下降至零。

练习题

一、名词解释

1. 隐性成本
2. 会计利润
3. 范围经济
4. 边际生产力
5. 等产量线
6. 等成本线
7. 规模经济

二、判断题

1. 在一条等产量线的上部,其代表的产量大于该等产量线的下部所代表的产量。 (　　)

2. 假定生产某产品需要a、b两种生产要素,在投资不变的条件下,a价格的下降必然导致b使用量的上升。 (　　)

3. 只要边际产量减少,总产量一定下降。 (　　)

4. 扩大企业经济范围可取得范围经济,因此企业经营类别越多越好。 (　　)

5. 短期边际成本的变动取决于可变成本的变动。 (　　)

6. 大学生毕业后继续深造,其机会成本是学习期间的所有花费。 (　　)

7. 利润最大化的原则是边际成本小于边际收益。 (　　)

8. 会计利润与企业实际利润一致,是企业记账的两种方式。 (　　)

9. 厂商总成本不变,所有生产要素价格同比例下降,则等成本线将向左移动。 (　　)

10. 假设生产某产品需要投入两种要素,若要素价格不同,则该厂商最好根据价格选择低生产成本的组合。 (　　)

三、简答题

1. 简述边际生产力递减规律及其内在原理。
2. 简述等产量线与等成本线的特征，并比较两者差异。
3. 比较短期和长期生产线的特征及形成原因。

第二篇

市场运行

第四章

完全竞争与完全垄断市场

第三章分析了在要素价格既定的情况下，厂商（生产者）为了达到利润最大化，如何投入要素、如何选择适当的生产规模。在实际经济中，厂商能够取得怎样的利润固然与自己的主观努力有关，但也与市场的竞争环境有关。本章开始将进一步研究在不同的市场条件下，为了取得利润最大化，厂商如何组织生产与销售、如何确定价格与产量等问题。

小链接

标准石油公司、大通银行、洛克菲勒基金会、洛克菲勒中心、芝加哥大学、洛克菲勒大学、现代艺术博物馆，以及在“9·11”中倒塌的世贸大楼……翻开美国史，洛克菲勒家族无处不在。这个富过六代的传奇家族缔造了美国乃至世界的商业传奇，也形成了世界上首屈一指的垄断帝国。

洛克菲勒家族最早源于1863年在克利夫兰开办的炼油厂，1870年以该厂为基础，扩大组成俄亥俄标准（原译美孚）石油公司，又很快垄断了美国的石油工业，并以其获得的巨额利润，投资于金融业和制造业，经济实力发展迅猛。资产总额在1935年仅66亿美元，至1960年增至826亿美元，25年中增长了11.5倍。其后又继续获得巨大发展，1974年资产总额增达3 305亿美元，超过了摩根财团，跃居美国十大财团的首位。在美国16家最大的石油公司中有8家属于洛克菲勒财团。

20世纪初，由于美国民众的强烈不满，美国政府推行了谢尔曼反垄断法（Sherman Anti-trust Laws），把洛克菲勒的“石油帝国”进行了拆分。据估计，如果标准石油公司没有进行拆分，它的市场总值可高达1万亿美元以上，可以在世界企业排行榜上轻松地占到第一位。但是，美国最高法院通过裁定，把标准石油公司强制拆分成34家不同的公司。标准石油公司遭拆分后，其中的7家公司后来发展得也很好，因此它们被称为“石油七姐妹”。在后来的岁月里，它们成了现代石油工业的中流砥柱。

第一节　厂商和市场分析

本节先撇开不同类型市场的特点，讨论在一般市场条件下，厂商追求利润最大化的共同原则，以及区分不同类型市场的主要依据，为具体研究各类型市场奠定理论基础。

一、利润最大化目标

微观经济学经常用到利润最大化假说，因为它能合理而准确地预测厂商行为，并可避免理论分析上的混乱。但企业是否真的以利润最大化为目标，一直存在争议。

对由所有者自己管理的小企业来说，利润似乎决定着全部的企业决策。然而在大企业，作日常决策的经理通常很少与所有者(即股东)取得联系，结果导致企业的所有者不能完全监控经理的行为，于是，经理在经营企业时便有回旋的余地，并能在某种程度上偏离利润最大化的目标。

经理可能会更多地考虑其他目标而较少考虑利润最大化，如追求销售收入最大化，以实现产值的超常增长。经理也可能完全只顾企业的短期利润(也许是为获得晋升或巨额奖金)而牺牲长期利润，即使长期利润最大化更能满足股东的利益。

尽管如此，经理追求长期利润最大化以外目标的自由度还是有限的。如果他们一味追求这些目标，股东或董事会就可以撤换他们，或者由新的管理层来接管企业。无论如何，不追求利润最大化的企业不大可能幸存。企业要在竞争性行业中生存下去，就得将长期利润最大化作为它们优先考虑的目标之一。因此，我们运用利润最大化假说是合理的。

二、产品价格、平均收益与边际收益

假定厂商的销售数量为 Q，产品的销售价格为 P，则厂商总收益 $TR=P\times Q=PQ$。平均收益是厂商生产单位产品获得的收益，$AR=\frac{TR}{Q}=\frac{PQ}{Q}=P$，所以平均收益等于价格。边际收益是厂商增加(或减少)生产单位产品所引起的总收益的变化，$MR=\frac{\Delta TR}{\Delta Q}$。

根据需求规律，由于价格与需求量呈反向变动，边际收益一般小于销售价格，即 $MR<AR<P$。例如，当某种商品销售 10 件时价格为 8 元，而销售 11 件时价格为 7.8 元，则第 11 件产品的边际收益为 5.8 元(11×7.8－10×8)。

如果价格 P 不随销售量 Q 的改变而改变，厂商每多生产一单位产品增加的收益就等于销售价格，即 $MR=AR=P$。

三、利润最大化原则

我们首先分析厂商的利润最大化产量决策，不管该厂商所处何种类型市场环境，因为利润是(总)收入与(总)成本的差额，所以为了确定厂商利润最大化的产量水平，我们必须分析它的成本和收入。假定厂商的产量为 q，获得的收入为 $R(q)$，生产成本为 $C(q)$，厂商的利润等于收入减去成本，即

$$\pi(q)=R(q)-C(q)$$

为了实现利润最大化，厂商选择产量以使收入与成本之间的差额最大。收入 $R(q)$ 是一条曲线，其斜率表示每当产量增加一单位时收入的增加量，即边际收益。$C(q)$ 曲线的斜率则为每增加一单位产量时成本的增加量，即边际成本。对低水平的产量而言，利润为负，因为收入不足以抵消固定成本和可变成本(当 $q=0$ 时，由于存在固定成本，利润为负)。随着

产量增加，利润最终变为正值（当 q 大于 q_0 时），并且一直增加到产量达到 q^* 时为止。这时，边际收益与边际成本相等，相应地，$\pi(q^*)$ 也就达到最大，q^* 为利润最大化产量。一旦产量超出 q^*，边际收益便小于边际成本，利润下降，这反映生产总成本增长加快。

为了从另一方面来解释为什么 q^* 的产量能使利润最大化，不妨假设产量小于 q^*。然后，如果厂商稍稍增加产量，它将得到超过成本的更多的收入。换句话说，边际收益大于边际成本。类似地，当产量大于 q^* 时，边际收益小于边际成本，意味着总收益下降和利润减少。只有当边际收益与边际成本相等时，利润才能达到最大。因为边际收益减去边际成本等于边际利润，当边际收益大于边际成本时，厂商会增加生产；当边际收益小于边际成本时，厂商会减少生产，所以当边际收益等于边际成本时，也就是边际利润为零时，表明厂商的利润实现了最大化。

当边际收益等于边际成本时，即 $MR=MC$ 时，利润实现了最大化，这一原则适用于所有的厂商，不管是竞争性的还是非竞争性的。

四、厂商的利润情况分析

上面分析了厂商的利润最大化目标及其原则。在实际经营中厂商可能获得经济利润，即 $\pi>0$；也可能亏损，即 $\pi<0$；当然也可能刚好获得正常利润，即 $\pi=0$。我们可以将利润情况用产品价格与平均成本的比较表示出来：

$$\pi=TR-TC=P\times Q-AC\times Q=Q\times(P-AC)$$

所以，当 $P>AC$ 时，厂商获得经济利润；当 $P=AC$ 时，厂商刚好获得正常利润；当 $P<AC$ 时，厂商亏损。

如果长期亏损，厂商可能就会选择停止生产。但如果是短期亏损，厂商会怎样做呢？这要视亏损程度而定。如果厂商虽然亏损，但亏损的只是固定成本 FC，厂商可能进行规模的调整继续生产下去。如果厂商继续生产连可变成本 VC 都收不回，则企业会选择停止生产。

所以，当总收益大于可变成本，即 $TR>VC$ 或者产品价格大于平均可变成本，即 $P>AVC$ 时，厂商虽然亏损但仍可继续生产。当总收益小于可变成本，即 $TR<VC$ 或者产品价格小于平均可变成本，即 $P<AVC$ 时，厂商亏损严重必然会停止生产。

小思考

在经济社会中，我们经常听说某企业连年亏损但一直保持经营，能够正常地给员工发工资，支付各种利息费用；但也有的企业亏损后就无法维持正常运转，长期拖欠员工工资，最后关闭破产了。你能够解释为什么吗？

五、竞争和垄断：不同的市场结构

在不同的市场中，厂商面临的竞争程度是不一样的，厂商的垄断力也是不一样的。在市场中的企业都希望能获得垄断地位并凭借垄断地位获得高额利润。厂商数目越多，竞争就越激烈；厂商数目越少，垄断市场就越有可能。此外，政府的授权、产品的差别等都是形成垄断的原因和条件。

对于如何测定垄断力的问题，阿贝・勒纳（Abba Lerner）提出通过对价格与边际成本偏

离程度的度量,可反映市场中垄断力量的强弱,即使用勒纳指数来度量,其计算公式为:

$$L=\frac{P-MC}{P}$$

式中,L 为勒纳指数,P 为价格,MC 为边际成本。

勒纳指数在 0~1 之间变动。勒纳指数越大,市场中的垄断力量越强;反之,竞争程度越高。在市场完全竞争时,勒纳指数趋向于 0;在市场完全垄断时,勒纳指数趋向于 1。

根据不同市场中厂商数目、产品差别、厂商垄断力的大小和厂商进出市场的难易程度,我们将市场分为完全竞争、垄断竞争、寡头垄断和完全垄断四种类型,如表 4—1 所示。后面我们就此四种类型的市场展开分析。

表 4—1　　四种市场的比较

市场结构	厂商数目	产品差别程度	个别厂商控制价格程度	进入难易程度	近似行业
完全竞争	很多	无差别	没有	完全自由	农业
垄断竞争	较多	有些差别	有一些	比较自由	零售业
寡头垄断	几家	有或没有差别	相当大	有限	汽车制造业
完全垄断	一家	唯一产品,无替代品	很大,但常受政府管制	不能	公用事业

第二节　完全竞争市场

完全竞争市场是一种典型的特殊市场,在现实经济中很少存在,但是对完全竞争市场的理论分析仍然十分重要,其包含了各类市场的一般特点和主要规律。本节主要阐述完全竞争市场的基本特征、厂商实现短期均衡的四种情况、厂商实现长期均衡的两种方式,以及长期供给曲线的三种变化等。

一、完全竞争市场的含义

完全竞争市场(perfect competition)是所有市场结构中的一个极端,通常有以下特征:

(1)竞争者无数。市场上有众多的消费者和生产者,他们的规模都很小,购买和出售的产品所占市场份额也很少,以至于他们只能接受市场供求确定的价格,不能影响更不能改变市场价格。

(2)产品无差异。消费者需要的和厂商提供的产品都不存在差异,也就是说,对于消费者而言,厂商提供的产品都一样;而对于厂商来说,消费者对产品的要求也都一样,把产品卖给哪个消费者并无差别。

(3)要素自由流动。生产要素可以在各个行业间自由流动,任何行业的工厂规模和厂商数目在长期内可以任意变动,没有任何障碍能阻止厂商进入或退出任何行业。

(4)完全信息。每个参与市场活动的经济单位都知道现行的价格和产品的质量、性能等，同一个市场上不可能出现低买或高卖现象。

从以上四个特征不难发现，现实生活中几乎不可能找到完全竞争市场。一般看来，只有部分农产品如土豆和大米，才近似完全竞争市场。但是，这并不代表该类市场在理论分析上没有重要意义。这是因为，经济模型的价值并不是体现在其准确性上，而是取决于其预测能力。过去的实践证明该市场类型在观测和评价现实经济行为上有一定的作用。作为其他类型市场的基础，它提供了理论分析的框架，我们只要对其假定条件不断做出修改，使之更接近现实，就能在应对复杂的市场结构时，做出更为具体科学的描述。所以，我们有必要首先对该市场的类型加以分析研究。

二、市场需求与厂商需求

在完全竞争市场中，厂商的数目众多，厂商不得不接受市场供求决定的价格，如果某厂商打算以高于市场价格出售，信息充分的消费者就会选择可以供应同质商品的其他厂商进行购买，最终该厂商不得不按市场价格进行销售。因此，对于单个厂商而言，其面临的需求曲线不随产量变动而变动。

在完全竞争条件下，厂商每增加一单位的销售量引起的边际收益总是等于固定不变的销售价格 P，即 $MR=P$，所以总收益曲线是从原点出发的一条直线，其斜率为固定不变的销售价格。当然，厂商的平均收益曲线也可以由产品的需求曲线表示，因而有 $MR=P=AR$，边际收益曲线也就是平均收益曲线。当市场的需求曲线或供给曲线发生变动，从而形成新的均衡价格时，厂商面临的需求曲线也会相应地发生变化。

三、厂商短期均衡

在完全竞争市场上，厂商无法对市场价格产生任何影响，而只能根据市场均衡价格调整产量。那么，厂商怎样决定它的产（销）量的数额呢？或者说，厂商的均衡产量如何决定呢？这可以分为短期和长期两种情况。我们先考察短期均衡，一般有以下几种情形：

（一）能赚得超额利润的均衡产量

假定厂商总是根据利润最大化原则确定产量。在图 4－1(a)中，当 $Q=OQ_1$ 时，$MC=MR=P$，这时产品的价格 P 大于它的平均成本 AC，厂商在这一产量下可获得矩形 P_1GFA 面积的经济利润或者说超额利润。为了获得更多超额利润，厂商可以增加生产。

（二）只能获得正常利润的均衡产量

在图 4－1(b)中，当市场价格降到 P_2 后，产品的价格 P 等于它的平均成本 AC，厂商最合理的产量为 Q_2，但这时超额利润为零，厂商只能获得正常利润。此时，厂商可以保持原有生产规模。

（三）亏损为最小的均衡产量

如果市场均衡价格比产品的平均成本 AC 更低，则厂商不可能获得超额利润，而只能确

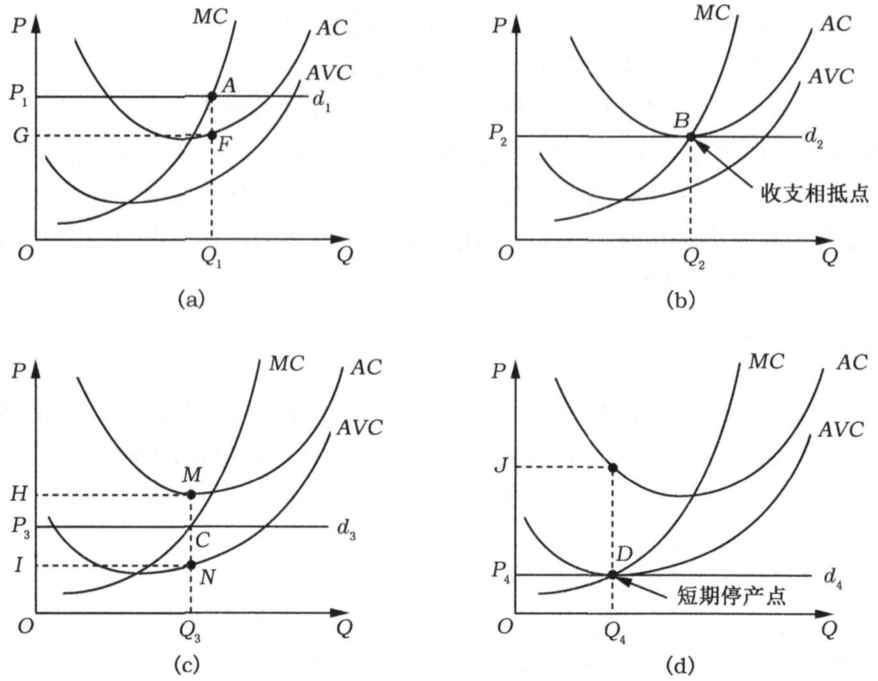

图 4—1 厂商短期均衡

定亏损最小的产量 Q_3,如图 4—1(c)所示,厂商的亏损额为矩形 HP_3CM 的面积。此时,厂商虽有亏损,但不严重,仍可补偿全部变动成本,可以继续维持生产,逐步克服亏损局面。

(四)短期停产点

当价格比平均可变成本的最小值还低时,厂商如果继续生产,非但固定成本的损失无法挽回,连可变成本都不能全部收回,如果继续生产,可能导致亏损更大,所以厂商会停止营业。因此,图 4—1(d)中,AVC 曲线的最低点 D 为厂商的停止营业点,而 D 点以上的 MC 曲线(也就是产量 Q_4 右侧的 MC 曲线)即是厂商短期的供给曲线。在这条供给曲线上,厂商会根据市场价格的变化而相应地调节产量。

四、厂商的长期均衡

在长期中,厂商可根据市场需求变化而调整生产规模,厂商也有时间进入或退出该行业。也就是说,一个行业在长期中可通过两种方式进行调整:一是行业中厂商数量的变动,二是原有厂商经营规模的变动。

先看行业中厂商数量的变动。假定某行业有经济利润即超额利润,就会吸引新厂商进入,于是该行业供给就增加,在需求没有变化的情况下,产品价格会下跌,一直跌到利润消失时厂商停止进入;反之,若某行业产品经营有亏损,则厂商会选择退出,该行业供给就减少,在需求不变的情况下,产品价格会上升,直到不亏损时厂商停止退出。因此,厂商进入或退出的结果，必然是厂商只能获得正常利润，而经济利润为零，即产品价格等于平均成本。

再看原有厂商经营规模的变动。假如厂商增加生产可降低成本并获得经济利润，厂商就会扩大生产规模。当所有厂商都这样做时，行业供给就会增大，在市场需求不变时，产品价格会下降，直到经济利润消失时，厂商变动规模的行动才会停止。这时候，产品价格也就等于长期平均成本。

可见，在一个完全竞争市场上，长期均衡就是既无经济利润又无亏损的状态。这时，既没有厂商进入或退出该行业，也没有厂商扩大或收缩经营规模。因此，在长期中，所有的厂商都采用相同的最有效率的规模进行生产，都只能获得正常利润。

五、完全竞争行业的长期供给曲线

在完全竞争行业中，各厂商的产品是同质的，价格是相同的，行业达到长期均衡时，产品价格等于长期平均成本，既无经济利润也不亏损。因此从长期看，如果整个行业产量(所有厂商产量之和)增加时，产品平均成本上升，则产品价格上升；产品平均成本下降，则产品价格下降；产品平均成本不变，则产品价格不变。当行业产量随需求增长时，由于不同的外部经济情况，要素价格引起的平均成本变动决定行业长期供给曲线的形状，可分为以下三种情况来加以分析：

(一)成本递增行业的长期供给曲线向右上方倾斜

随着产量的扩大，导致对生产要素的需求增加。如果产业对该要素的需求在整个社会的需求量中占很大比例，或者这种投入的要素是专用性的，即只有这种要素才可生产这种产品，没有别的要素可替代。在这些情况下，行业产量扩大将引起所需生产要素价格的上涨，从而产品的平均成本将提高。另外，如果行业产量扩大时，即使所需生产要素的价格没有变化，但发生了外部不经济情况，例如，交通更拥挤，引起运输成本上升，也会使产品的价格上升。所以这些行业被称为成本递增行业。在农业和采矿业中，当生产扩大时，人们不得不耕种较低劣的土地，或开采较低劣的矿山，这是成本递增行业的典型实例。凡此种种，都会形成一条向右上方倾斜的行业长期供给曲线。这表明随着产品供给量的增加，产品价格也会相应提高。

(二)成本不变行业的长期供给曲线是水平的

如果行业产量扩大对生产要素需求增加并不会引起要素价格上涨，或者要素需求增加引起了要素价格上涨，正好被产量扩大时取得的规模经济和外部经济所抵消，则产品的平均成本即产品价格不会随产量扩大而上升，这样的行业就称为成本不变行业，其行业长期供给曲线是一条水平线，其供给的价格弹性为无穷大。在这种情况下，它表示对该产品需求的变化只会引起供给量的变化，市场价格则始终保持在长期平均成本曲线最低点的水平，也就是说，产品供给量的变化不会引起产品价格的变化。

(三)成本递减行业的长期供给曲线向右下方倾斜

在现实生活中，由于存在外部经济和规模经济以及技术进步等状况，有些行业会在增加产量时使产品的平均成本下降,这种行业称为成本递减行业。由于存在这些情况,这类行业的长期供给曲线表现为一条自左上向右下方倾斜的曲线。这表明随着产品供给量的增加,产品价格会相应降低。

市场运行的经济效率是指参与市场活动的厂商利用经济资源的程度,经济资源利用得越充分,经济效率就越高。一般认为,在完全竞争市场上,厂商处于长期均衡状态时,边际成本等于平均成本,且都等于市场价格,这就表明完全竞争市场是有效率的。

首先,边际成本等于市场价格意味着最后一单位的产量所耗费资源的价值等于该单位产量的市场价值。因而从社会需要的角度来看,完全竞争厂商的产量是最优的。

其次,长期均衡于长期平均成本曲线的最低点表明,厂商使用现有的生产技术使得生产成本为最低,因而完全竞争厂商在生产技术使用方面是有效率的。而且市场价格等于平均成本,这使得价格达到最低,在收入既定的条件下,消费者的需求可以达到最大的满足。

最后,完全竞争市场的长期均衡是通过价格的自由波动来实现的。当消费者的偏好、收入等因素发生变动引起市场需求发生变动时,市场价格可以迅速做出反应,使得厂商能够按照消费者的需要提供产品。

第三节* 完全垄断市场

完全竞争市场也是一种典型的特殊市场,其主要特征是不存在任何垄断因素,与完全竞争市场相反的是完全垄断(perfect monopoly)市场。本节讨论完全垄断市场条件下,厂商在追求利润最大化过程中,如何确定产量以及怎样决定价格等问题。

一、完全垄断市场的特征及形成原因

完全垄断市场具有与完全竞争市场截然不同的特征,其形成原因具有多样性,需要进行具体分析和阐述。

(一)完全垄断市场的特征

(1)厂商就是行业,产品无法替代。在完全垄断市场上,一个行业只有一家厂商,它提供该产品的所有销售量,产品在市场上也找不到替代品,即完全垄断厂商不会面临其他厂商的竞争威胁。

(2)根据利润最大化的原则,厂商可以自主制定价格和销售量。厂商可以凭借垄断地位,获得高额垄断利润。

(3)行业中存在进入壁垒,使得其他行业中的厂商难以进入该行业。如果没有政府干预,垄断厂商可以长期维持垄断地位。

(二)垄断市场形成的原因

(1)经济因素。规模经济的存在使得平均成本随着产量的增加而减少。这就会导致同

一行业中,产量大的厂商最终会因为成本较低而将其他厂商赶出该行业。而且行业中已占据垄断地位的厂商,同样会因为雄厚的经济实力和规模经济,使得其他行业厂商无法进入,即使进入也难免无利可图。像自来水、电力等行业存在明显的规模经济,很容易形成自然垄断。

(2)社会因素。人为的和法律的因素同样会导致行业的进入壁垒。比如特许和专利权垄断,或者专卖权的独有,都是典型的例子。特别是由政府直接掌管的部门,更容易形成垄断。

(3)自然因素。比如厂商所处的地理位置、拥有的稀缺性资源也会导致垄断。矿泉水公司、交通要道的商家,或者名胜古迹所在地区等,都能在相关领域形成垄断。

既然完全垄断市场有厂商即行业的特征,因此厂商的需求曲线就是行业的需求曲线——一条自左向右下方倾斜的曲线。从 $AR=P\times Q/Q=P$ 可以得出,需求曲线同时也是厂商的平均收益曲线。边际收益(MR)除了在销售起始点外,总是小于平均收益(AR)。这是因为,总收益的增量即边际收益有较大幅度的下降时,平均到所有产量上的平均收益却只有轻微的下降,即 MR 的变化幅度超过 AR 的变化幅度。

二、完全垄断厂商的短期均衡

无论是完全竞争市场还是完全垄断市场,厂商都要遵循 $MR=MC$ 的利润最大化原则。尽管完全垄断厂商能够控制整个市场,但由于厂商制定的价格必须被消费者接受才有效,所以虽然厂商有权制定价格,但是也不能随意定价,而要遵循利润最大化的原则制定合理的价格。此外,由于厂商在短期内的规模不一定最适合当期的市场需求(也就是说有待于产品市场的进一步发展与壮大),完全垄断厂商即便有垄断地位,在短期内仍可能出现三种情况:获得超额利润、正常利润或亏损。

(一)利润为极大时的短期均衡

为了使利润达到极大,厂商同样要根据 $MR=MC$ 原理,决定其所提供的产量。此时,价格大于平均成本,获得超额利润,厂商可以增加生产。

(二)获得正常利润的短期均衡

尽管厂商按照利润最大化原则确定产量,但价格恰好等于平均成本,这时超额利润为零,厂商刚好获得正常利润,厂商可以维持生产规模不变。

(三)亏损为极小时的短期均衡

可能由于原料或劳动力价格上涨等原因,造成成本过高,也可能由于市场需求过小,导致市场售价过低,最终出现 AC 曲线高于 AR(需求)曲线的现象,即价格小于平均成本,$AR<AC$,不管提供多大产量都会出现亏损。此时继续生产,可部分收回固定成本和全部可变成本,从而使亏损最小。此时,厂商可以继续生产,以创造转亏为盈的条件,等待转亏为盈的机会。

与完全竞争市场一样,如果在 $MR=MC$ 的时候,其价格小于平均可变成本,则厂商连可变成本都无法全部收回,即使垄断厂商也应该选择停止生产。

不难看出,垄断厂商并非总能获得超额利润,能否得到超额利润和利润大小主要取决于市场需求和生产成本。如果厂商选择的生产规模并不理想,完全垄断也可能出现亏损。

三、完全垄断厂商的长期均衡

在完全垄断条件下,垄断厂商在长期内可以调整全部生产要素的投入量即生产规模,从而实现最大的利润。垄断行业排除了其他厂商进入的可能性,因此,与完全竞争厂商不同,如果垄断厂商在短期内可以获得利润,那么,它的利润在长期内是可以保持的,即在有利润的条件下实现长期均衡。

垄断厂商在长期内对生产的调整一般有三种可能的结果:第一种结果,垄断厂商在短期内是亏损的,但在长期内,又不存在一个可以使它获得利润(或至少使亏损为零)的最优生产规模,于是,该厂商就会退出生产。第二种结果,垄断厂商在短期内是亏损的,但在长期内,它通过对最优生产规模的选择,摆脱了亏损的状况,甚至获得利润。第三种结果,垄断厂商在短期内利用既定的生产规模获得了利润,在长期中,它通过对生产规模的调整,使自己获得更大的利润。至于第一种情况,不需要再分析。对第二种情况和第三种情况的分析是相似的。

由此可见,垄断厂商之所以能在长期内获得更大的利润,其原因在于长期内企业的生产规模是可调整的和新厂商无法进入市场。

最后,由于垄断厂商所面临的需求曲线就是市场的需求曲线,垄断厂商的供给量就是全行业的供给量,因此,垄断厂商的短期和长期均衡价格与均衡产量的决定,就是垄断市场的短期和长期均衡价格与均衡产量的决定。

第四节* 完全竞争与完全垄断的比较

本节主要对完全竞争和完全垄断两种极端市场进行比较,阐明它们的优点和缺陷,提出政府对垄断厂商实行价格管制的两种方法。

一、完全竞争的优点

一般来说,完全竞争市场与完全垄断市场相比,完全竞争市场具有更高的经济效率。具体表现在以下两个方面:

(1)从资源配置的角度来看,完全竞争市场有更高的效率。完全竞争市场的均衡产量较大,说明相对于完全垄断市场而言,资源得到了更充分的利用;同时,完全竞争市场的均衡价格较低,说明在收入既定的前提下,消费者获得的效用较大。

(2)从外部压力的角度来看,完全垄断市场的厂商几乎没有竞争者,这会使其失去外部竞争的激励,从而不会主动去改进技术、加强管理,而只是一味地依赖垄断地位取得利润,不利于整个行业的进步和发展。

二、完全垄断的优点

但是，与完全竞争市场相比，完全垄断市场并非一无是处，也有其优越的一面：

(1)技术进步也许是垄断存在的一个重要理由。完全垄断市场中的专利权保护会刺激垄断厂商进行技术创新，而在完全竞争市场上，厂商的创新将很快为竞争者所效仿，这会弱化厂商技术创新的冲动。由于只有规模较大的厂商才有能力投资于开发和研究，承担创新的风险，所以从技术创新的角度来看，完全垄断市场的存在有其合理性。

(2)在规模显著的行业，大企业的垄断能发挥规模经济的优势，与小企业相比，会降低生产成本、稳定产品质量，从而提高消费者的效用水平。

三、政府的价格管制

政府为了保证价格相对公正和保护消费者利益，往往会对垄断厂商实施价格管制。价格管制的办法主要有两种：一是边际成本定价法，二是平均成本定价法。

(一)边际成本定价法

在没有价格管制的情况下，垄断厂商的产量和定价分别为 Q_1 和 P_1，价格高于平均成本，说明厂商有超额利润。此时，如果政府采用边际成本定价法，规定价格为 LMC 曲线与需求曲线的交点所代表的价格 P_2，价格仍然大于平均成本，即厂商仍可获得超额利润。对于这部分超额利润，政府可以通过税收等方式进行消除。

但根据边际成本定价，厂商有时也可能亏损，这又需要政府对厂商给予一定的补贴，或者采取平均成本定价法。

(二)平均成本定价法

按边际成本定价法，价格为 P_1，低于长期平均成本 LAC，厂商会亏损。这时如果政府把价格定为 LAC 曲线和需求曲线的交点所代表的价格 P_2，厂商便可收回全部成本，获取正常利润。这种定价法就是平均成本定价法。

平均成本定价法是使管制价格等于平均成本，厂商的超额利润为零，这样可能会使厂商没有积极性去降低生产成本。

除了边际成本定价和平均成本定价这两种方法，有时政府也允许厂商采取双重定价法。双重定价法类似于价格歧视的做法。具体地说，允许厂商对一部分购买欲望较强的消费者收取较高的价格，且 $P>AC$，从而厂商获得超额利润。同时，厂商对一部分购买欲望较弱的消费者仍按边际成本定价法收取较低的价格，由于 $P<AC$，从而厂商是亏损的。但厂商总体上不会亏损，甚至能获得一定的超额利润，因此愿意继续经营。

在现实中，完全竞争和完全垄断的实例较为少见，多数市场是介于两者之间的，如我国的通信市场。我国电信业长期处于行政管制体制下，这既不适应国内市场日益扩大的信息服务的需求，也不能有效应对国际信息产业的竞争和挑战。随着信息产业国有企业的改革和重组，大力推进技术创新和管理创新，我国电信业在计划经济体制下的行政垄断局面发生了变化。

通信业实现了政企分开,完成了电信和邮政的分营以及电信业的拆分重组。电信管理体制和运营机制发生深刻变化,市场竞争格局初步形成。2017 年电信业务总量达到 27 557 亿元(按照 2015 年不变单价计算),比上年增长 76.4%,增幅同比提高 42.5 个百分点;电信业务收入 12 620 亿元,比上年增长 6.4%,增速同比提高 1 个百分点。随着高速互联网接入服务发展和移动数据流量消费快速上升,移动数据及互联网业务收入 5 489 亿元,同比增长 26.7%,在电信业务收入中占比从上年的 38.1%提高到 43.5%,对收入增长贡献率达 152.1%;非话音业务占比提升至 82.5%,以移动数据业务为代表的话音业务持续拉动整体行业增长。在这样一个大市场中,主要的竞争者为中国电信、中国移动、中国网通和中国联通四大运营商。我国电信四大运营商的实力差距不是很大,但有各自不同的优劣势,它们形成了电信市场分层竞争的格局。

练习题

一、名词解释

1. 完全竞争市场
2. 完全垄断市场
3. 超额利润
4. 短期均衡
5. 长期均衡
6. 价格管制

二、单项选择题

1. 对完全垄断厂商而言,(　　)。

A. 提高价格一定能增加收益　　B. 降低价格一定能扩大市场

C. 提高价格未必能增加收益　　D. 降低价格不一定能增加收益

2. 垄断市场需求富于弹性时,MR 为(　　)。

A. 正　　B. 负

C. 0　　D. 1

3. 完全垄断市场的优势不包括(　　)。

A. 促进技术进步　　B. 形成规模效益

C. 带动新兴产业发展　　D. 便于政府管理

4. 根据完全竞争市场的条件,以下行业中,最接近完全竞争行业的是(　　)。

A. 家电行业　　B. 汽车行业

C. 农产品行业　　D. 果蔬行业

5. 作为市场价格接受者的厂商是(　　)。

A. 完全竞争厂商　　B. 完全垄断厂商

C. 垄断竞争厂商　　D. 寡头垄断厂商

6. 某完全竞争行业的价格和供给量在长期内呈同方向变动，则该行业的长期供给曲线(　　)。

A. 呈水平状态　　B. 向右下方倾斜

C. 为垂直线　　D. 向右上方倾斜

7. 完全竞争市场的特点不包括(　　)。

A. 产品基本同质，差异性小　　B. 数量众多的竞争企业

C. 市场进入门槛低　　D. 价格由少数几家企业确定

8. 某完全竞争行业的厂商在目前产量水平上，$MC=AC=AR=2$(元)，则该厂商(　　)。

A. 肯定未获得最大利润　　B. 只能获得正常利润

C. 肯定获得最小利润　　D. 不能确定

三、计算题

已知某垄断者的成本函数为 $TC=0.5Q^2+10Q$，产品的需求函数为 $P=90-0.5Q$。

要求：

(1)计算利润极大时的产量、价格和利润。

(2)假设国内市场的售价超过 $P=55$ 时，国外同质产品即输入国内，计算售价 $P=55$ 时垄断者提供的产量和赚得的利润。

(3)假设政府限定国内最高售价为 $P=50$，垄断者会提供的产量和利润各是多少？国内市场是否会出现超额需求引起的短缺？

第五章*

垄断竞争与寡头垄断

完全竞争与完全垄断是市场结构中两种极端的市场类型。介于两者之间的是垄断竞争和寡头垄断，它们是现实中比较常见的市场类型。在垄断竞争市场中，虽然厂商有一定的垄断力，但由于厂商数目较多，产品差别较小，因此竞争是市场的主导力量。与此相反，在寡头垄断市场中虽然仍有竞争，但是厂商数目和产品差别明显减少，使垄断成为市场的主导力量，特别是在寡头厂商勾结起来的情况下。下面将分别考察这两类市场，揭示它们的区别和联系。

第一节　垄断竞争市场

垄断竞争市场是以竞争为主的市场，垄断处于次要地位。本节在阐述垄断竞争市场特征的基础上，分析了厂商短期均衡与长期均衡的实现过程，并且说明了垄断竞争中非价格竞争的途径及其经济效率。

一、垄断竞争市场的特征

作为一种现实中较常见的市场，**垄断竞争**(monopolistic competition)市场具有下列特点：

(一)厂商众多

市场上厂商数目众多，每个厂商都要在一定程度上接受市场价格，但每个厂商又都可对市场施加一定程度的影响，不完全接受市场价格。另外，厂商之间无法相互勾结来控制市场。对于消费者，情况是类似的。因此，在垄断竞争市场上的经济人是市场价格的影响者。

(二)互不依存

市场上的每个经济人都自以为彼此可以相互独立、互不依存。实际是一个人的决策对其他人的影响不大，不易被察觉，因此可以不考虑其他人的反应和对抗行为。

(三)产品差别

同行业中不同厂商的产品互有差别，这种差别形成的原因可以是质量、功能等实质性不同，或所处地理位置、包装、商标、营销手段、消费者的主观评价等非实质性不同。产品差别是造成厂商垄断的根源，但由于同行业产品之间的差别不是大到完全不能替代，一定程度的可替代性又让厂商之间相互竞争，因而相互替代是厂商竞争的根源。如果要准确说出产品差别的含义，则可这样来说：在同样的价格下，如果购买者对某家厂商的产品表现出特殊的爱好，就说明该厂商的产品与其他厂商的产品具有差别。

(四)进出容易

厂商进出一个行业比较容易。这一点同完全竞争类似，厂商的规模不算很大，所需资本不是太多，进入和退出一个行业障碍不大，比较容易。

垄断竞争市场是介于完全竞争与完全垄断之间，但相对更接近于完全竞争的一种市场类型。在现实经济社会中，垄断竞争的情形是较为常见的，如不同品牌的衣服、皮鞋、化妆品，不同的饮食店等。

二、厂商均衡

垄断竞争厂商的需求曲线是略为向右下方倾斜的曲线。这是因为，产品既有差别又差别不大，所以降低或提高价格会引起销量的较大变化。产品差别越小，需求曲线的斜率也就越小；反之亦然。

正如垄断一样，垄断竞争中厂商面临向下倾斜的需求曲线，因而也有垄断势力，但这并不意味着垄断竞争厂商就能赚取高额利润。垄断竞争与完全竞争也是相似的，因为可自由进入，因此赚取利润的潜力会吸引新厂商的进入，从而将利润压低至零。

为了使这一点更清楚，让我们来研究一下一个垄断竞争厂商短期和长期中的均衡价格和产量水平。在短期中，由于自己选择的规模、市场的需求或者市场竞争激烈程度不同，垄断竞争厂商可能只获得正常利润甚至亏损，当然也可能获得超额利润。图 5－1(a)反映了短期均衡时获得超额利润的情况。由于该厂商的产品与竞争者的有差别，因此它的需求曲线 D_{SR} 是向下倾斜的。这是该厂商的需求曲线，而不是市场的需求曲线，市场需求曲线更陡峭一些。利润最大化的产量为 Q_{SR}，在边际收益和边际成本线的交点得到。由于相应的价格 P_{SR} 大于平均成本，厂商获得经济利润，如图中阴影四边形所示。

在长期中，这个利润将诱使其他厂商加入。当它们推出竞争性商品时，这个厂商将损失市场份额和销量，它的需求曲线将向下移动，如图 5－1(b)所示。在长期中，平均成本曲线和边际成本曲线可能也会移动。为了简单化，我们假定成本是不变的。长期需求曲线 D_{LR} 将恰好与厂商的平均成本曲线相切。这时利润最大化意味着产量为 Q_{LR}，价格为 P_{LR}，因为价格与平均成本相等，所以超额利润为零。该厂商仍然有垄断势力，因为它的特殊品牌仍然是唯一的，它的长期需求曲线向下倾斜。但其他厂商的进入和竞争已经使得它的超额利润为零。

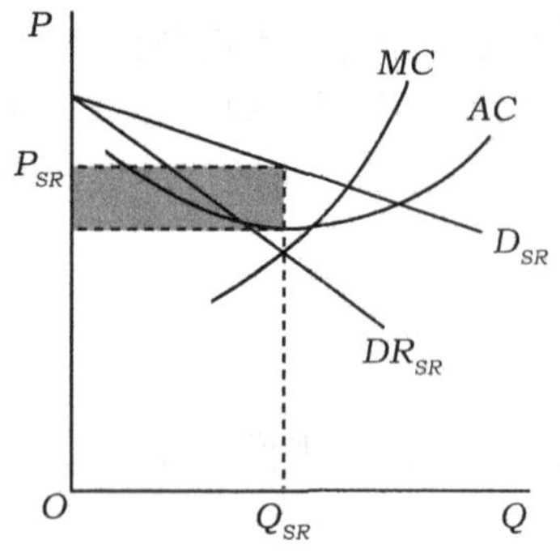

图 5—1(a)

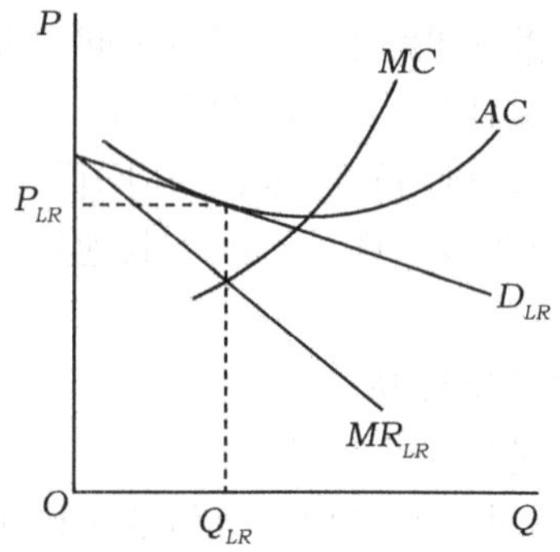

图 5—1(b)

更一般地说,厂商的成本可能不同,且有些品牌可能与其他品牌的区别更大。在这种情况下,各厂商会制定略微不同的价格,而有些厂商将会赚取一点超额利润。

三、非价格竞争

垄断竞争厂商产品之间的替代性,使得厂商的价格控制能力有限。因此,厂商一般不轻易使用价格竞争,而侧重于品质、营销等非价格竞争。

品质竞争是通过提高产品品质来增加销售量的一种非价格竞争手段。产品品质不仅指内在的功能,还包括颜色、款式和附带服务等。当然,产品品质的提升会增加产品的成本,因此,厂商是否提高产品品质,主要取决于因品质提高增加的成本与品质提高后增加的利润之间的相对大小。

营销竞争也是非价格竞争的主要手段之一,包括广告、电视与电话直销、零售网、分销网、售后服务等方式。在每个厂商都能实现其商品销售的完全竞争市场,没有使用营销手段的必要。虽然在完全垄断市场,营销手段也有一定的作用,但还是垄断竞争市场中营销手段的作用最为显著,因为厂商需要通过营销手段来突出产品的差异性,刺激需求,从而增加销售量。很明显,营销竞争会引起总成本的增加,厂商是否使用营销手段,同样取决于营销成本与营销所带来的利润之间的相对大小。

目前,各国的广告营销费用都在持续增长。很多人认为广告有益于厂商,因为广告引起产品市场的扩大和销售量的增加,规模经济可能实现,从而有利于降低平均成本和市场价格。也有人持相反的观点,首先,当广告营销被广泛使用时,其对销售量的促进作用将越来越小,反而更大地提高了产品成本;其次,当广告营销过分吸引厂商注意力时,品质管理将被厂商忽略,可能引起整个生产链的断裂。

美国著名市场营销学家莱维特曾说过:"未来企业竞争的焦点不再是企业能为消费者生产出具有什么使用价值的产品,而是企业能为消费者提供什么样的附加价值,即服务。"因此,企业拥有的竞争优势,必须实施销售服务竞争策略。服务竞争策略包括服务到个性化、服务到精细化、服务到互动化、服务到知识化。这表明了在价格之外注重客户差异性的重要性,未来的市场竞争将不再是简单的价格战争。

近几年,由于市场需求不振,不少家电生产厂家普遍面临产品销售问题,经营者感觉生意难做。为争夺有限的市场,家电生产厂家和商家掀起了此起彼伏的降价风,最为突出的有微波炉大战、空调大战以及蔓延至今的彩电大战,不少商家的降价让利已打破市场淡旺季之分。1997 年高路华以低于长虹、康佳等主要品牌 30%的超低价进入价格战行列,其市场份额在销售旺季不足 5%,在淡季为 1%~2%。一方面说明了高路华品牌与长虹、康佳等知名品牌相比缺乏足够的知名度、信誉度;另一方面又说明了大多数消费者对太低价格的商品觉得没有安全感,价格太低反而适得其反。从这个意义上说,价格大战对品牌形象的破坏作用是显而易见的。

因此,在价格之外,在产品品种、质量和服务等方面的竞争,是未来竞争手段的主要方式。在当前情况下,家电零售业要想在激烈的市场竞争中求得生存和发展,实施非价格竞争战略尤为重要,通过产品差异化、品牌化竞争策略、会员俱乐部营销策略等一系列措施培育客户忠诚度尤为重要。有调查表明,保持一个消费者的营销费用仅仅是吸引一个新消费者的营销费用的 20%;向现有客户销售的概率是 50%,而向一个新客户销售产品的概率仅有 15%;客户忠诚度下降 5%,则企业利润下降 25%。因此,非价格竞争空间巨大,也需要各企业的不断努力。

四、垄断竞争和经济效率

完全竞争市场之所以吸引人是因为它在经济上有效率。消费者和生产者的总剩余会尽可能地大,社会福利水平最高。垄断竞争在某些方面是与完全竞争相似的,但它是一种有效率的市场结构吗?为了回答这个问题,我们将垄断竞争行业的长期均衡与完全竞争行业的长期均衡加以比较。

在垄断竞争市场中,均衡价格大于边际成本。这意味着边际产量对于消费者的价值大于它的生产成本。如果产量扩大到需求曲线与边际成本曲线相交之点,则总剩余可以增加。这是因为在垄断竞争市场中存在一定的垄断势力。在完全竞争市场中,价格等于边际成本。在两类市场中,直到超额利润降到零之前都会有新厂商加入。在完全竞争市场中,厂商面临的需求曲线是水平的,所以零利润点出现在平均成本最低点。在垄断竞争下,需求曲线是向下倾斜的,所以零利润点在平均成本最低点的左面。可见,完全竞争比垄断竞争的经济效率更高。

值得一提的是,在垄断竞争市场中,非价格竞争尤其是营销竞争非常普遍,大量营销费用的支出并没有更多地促进销售量的增长,反而引起了生产成本的上升,最终使得价格上涨和经济效率下降。

在评价垄断竞争时,这些非效率的表现必须与产品多样化给消费者带来的利益相平衡。垄断竞争市场也有一些优点:垄断竞争市场的产品替代性较强,厂商只有突出其产品本质上或非本质上的差别,通过差异化经营才能在竞争中求生存,这样会使得产品市场朝着同类商品多样化的方向发展,最终使消费者多方面、多层次的需求得到满足。对于生产者来说,垄断竞争最有利于促进技术创新。一方面,垄断可以给厂商创新的动力,没有垄断,厂商的创新很快被复制,其因创新获得的超额利润无法维持;另一方面,竞争又给厂商强大的压力,迫使其不断进行技术创新和产品创新。

第二节 寡头垄断市场

寡头垄断市场是以垄断为主的市场,竞争处于从属地位。本节主要阐述寡头垄断市场的特点和分类,以及厂商实现垄断的主要途径和方法。

一、寡头垄断市场的特点

寡头垄断(oligopoly)市场又称寡头市场,是介于垄断竞争与完全垄断之间的一种市场类型,也是现实中较为常见的市场状态。

在寡头垄断市场中,少数几家厂商垄断了一个行业的市场,控制了大部分供给量,每家厂商都拥有非常高的市场占有率。这种市场的基本特征是:

(1)行业中只有少数几家大厂商,它们的市场份额都相当大。

(2) 厂商的决策相互影响,每个厂商的价格和产量变化都会影响竞争对手的销量和利润,因而任一厂商在做决策时,都必须考虑竞争对手的反应。

(3)产品既可同质也可有差别。同质的产品,相互替代性高,厂商之间存在着激烈的竞争;有差别的产品,相互替代性较低,厂商间的竞争程度较小。

(4)厂商进出行业比较困难。首先,势均力敌的大厂商已经控制了整个市场,新的厂商进入非常困难;其次,资产的规模和专用性使得厂商退出行业也相当困难。

由于寡头垄断市场的情况非常复杂,厂商的决策和行为所产生的结果具有很大的不确定性。厂商不能像完全竞争、垄断竞争和完全垄断厂商那样独立行事,必须考虑竞争对手的反应,而这种反应又无法准确预测,从而导致厂商行为的不确定性。

通常将寡头垄断厂商的行为区分为两种:独立行动和相互勾结。寡头厂商深知它们之间是相互依存的,展开竞争很可能两败俱伤,于是便互相勾结。以下简要介绍互相勾结的情况。

二、公开勾结:卡特尔

卡特尔(cartel)在现代意义上的使用始于 19 世纪 60 年代的德国,原意为协议,后被赋予企业联合的含义。**经济学上的卡特尔是指生产某种商品的若干工业企业,为垄断某一特定市场而组成的企业联合**。各成员企业主要靠共同遵守所缔结的协议而享受高额利润,协议的对象一般是商品的价格或是生产及销售的数量,各成员企业在经济上和法律上都是独立的。

卡特尔的主要任务,一是为各成员厂商的产品规定统一的价格,二是在各成员厂商之间分配总产量。卡特尔制定统一价格的原则是使利润最大化,因此,必须使边际收益等于边际成本,即 $MR=MC$。总产量要在各寡头垄断厂商之间进行分配。

卡特尔价格和产量的决定同完全垄断厂商是一样的,其实在这里可以把卡特尔看成一个完全垄断厂商。

卡特尔在统一了产品价格以后，通常要规定生产限额以支持该价格。卡特尔分配产量的原则是使各个厂商的边际成本相等，并且与卡特尔均衡产量的边际成本相等。上述的产量分配方式，往往被认为是一种理想的方法，现实中很难实现。因为卡特尔内部成员之间产量的分配，受到各厂商的实际地位、谈判水平、生产能力和销售规模，以及地区划分的影响。同时，卡特尔的成员还可以通过广告、信用、服务等非价格竞争手段拓宽销路、增加产量。因此，卡特尔这种企业联盟是不稳固的。各个厂商为了追求最大化的利润，往往会避开卡特尔的规定而另做手脚。

三、价格领导

公开勾结和协议在有些国家被认为是非法的，因此寡头垄断厂商更多的是采取非公开方式互相勾结，价格领导是其主要形式之一。

价格领导(price leadership)是指行业中的一个或极少数几个大厂商带头变动价格，其他厂商均随之响应的行为。价格领导的厂商一般是根据其地位和实力或市场行情来确定或变动价格，其他厂商则随之采取同样的行动。其所以如此，并不是因为它们之间存在合谋，而是出于各自追求最大利润的需要。如果价格领导厂商推出降价措施，其他厂商不降价，就会失去顾客；如果价格领导厂商推出涨价措施，其他厂商不涨价，实际上就等于减价，会遭到报复。因此，一些竞争能力弱或预测能力差的较小厂商，为了自身利益，会自觉不自觉地接受价格领导厂商确定或变动的价格。

根据厂商的具体情况，价格领导可分为晴雨表型和支配型两种。

晴雨表型价格领导是指晴雨表型厂商(barometric firm)首先宣布能够准确反映行业成本和需求变化的价格，其他厂商则按此进行调整。晴雨表型厂商并不一定是行业中规模最大、效率最高的厂商，但它熟悉市场行情，能代表其他厂商的愿望。

支配型价格领导是指销售量比重较大、地位稳固、具有支配力量的大厂商，根据自己利润最大化的需要和其他厂商希望销售的产量确定和变动价格，其他中小厂商则根据这一价格确定均衡产量。在这种情况下，中小厂商可以出售他们所能提供的一切产量，市场需求量与中小厂商产量的差额全由支配型厂商提供。

四、成本加成定价法

成本加成定价(cost-plus pricing)是在估计的平均成本的基础上，加上厂商所期望的一个平均利润的定价方法。它是寡头垄断厂商不按照 $MR=MC$ 原则追求利润最大化的一种常见的定价形式。其基本方法是，先根据厂商生产能力的某一百分比确定一个正常的或标准的产量数字，然后根据这个产量计算出相应的平均成本 AC，并加上一个按百分比 r 计算的利润，就得出销售价格 P，即 $P=AC(1+r)$。当同行业的全部厂商都采用统一的会计制度，它们投入要素的价格和生产函数都相同，并用相同的百分比加成时，这些厂商的价格就是一致的；否则，它们的价格就会不一致。

成本加成定价法尽管不是按 $MR=MC$ 原则追求利润最大化，但它可以避免价格随产量而频繁变动，从而使价格比较稳定，这就减少了寡头垄断厂商因价格竞争可能带来的不利后果。

小链接

当初,在全国物价一片上涨之中,方便面涨价也属于情理之中的事情,虽然会对我们的生活产生影响,但广大消费者也不得不接受这个现实。但我们必须警惕的一点是,这次方便面涨价,并不是单个企业自身的决定,而是通过世界方便面协会中国分会的 3 次内部价格协调会议,才达成关于涨价的一致意见。

在世界各国关于行业协会的法律规定中,一般都把行业协会的宗旨定位在"发挥企业与政府、会员之间、企业之间、与国内外同行业之间的桥梁和纽带作用,服务会员,维护会员的合法权益,保障行业公平竞争,促进行业健康发展"。

因此,行业协会的职能主要是行业服务、行业维权和行业自律。虽然也允许行业协调,但没有一个国家允许行业协会协调统一定价或者涨价。实际上,在市场经济发达的国家,行业协会一旦协调统一定价或者调价,就涉嫌违法了,因为它成了"价格卡特尔"。

众所周知,卡特尔就是指生产同类商品的企业为了获取高额利润,在划分销售市场、规定商品产量、确定商品价格等方面达成协议而形成的一种垄断联合。参加联合的会员在生产、商业和法律上仍然保持独立性。世界方便面协会中国分会这次扮演的角色已经有了"卡特尔"的影子。

就方便面来说,如果将来方便面行业的原材料价格能够降低或者降低管理营销成本,那么方便面的价格也会随着降下来。但是,有了行业"卡特尔",商品的价格往往就只有涨价没有降价了。从目前来看,世界方便面协会中国分会下的康师傅、统一、今麦郎、日清、农心等十多家知名企业的市场覆盖率达到 95%以上,占有绝对垄断地位,它们的价格同盟将是非常恐怖的。

价格卡特尔的实质是一种限制竞争的行为,它往往将组织或行业面临的困难转嫁给消费者,既侵犯了消费者的公平交易权,又干扰了市场经济的优胜劣汰机制,在本质上与市场经济背道而驰。

国外立法在原则上对于卡特尔是予以禁止的,除了少数运用合理原则认定的卡特尔之外,对于价格卡特尔,一般都适用"本身违法原则",即只要出现这类卡特尔就视为违法,无论其造成的具体后果如何。

对于这次方便面涨价,我们特别应该认清其实质,不反对个别企业涨价,但应该坚决反对这种价格同盟。经历这件事情,我们更应该看到我国出台反垄断法的重要性和紧迫性。

第三节 各种市场类型的比较

高的经济效率表示对资源的充分利用或能以最有效的方式进行生产,低的经济效率表示对资源的利用不充分或没有以最有效的方式进行生产。不同市场组织下的经济效益是不相同的,市场组织的类型直接影响经济效率的高低。西方经济学家通过对不同市场条件下厂商的长期均衡状态的分析得出结论:完全竞争市场的经济效率最高,垄断竞争市场较高,寡头垄断市场较低，完全垄断市场最低。可见，市场的竞争程度越高，则经济效率越高；反之，市场的垄断程度越高，则经济效率越低。因此，反垄断成为市场经济国家的共同要求和必要措施。

除此之外，西方经济学家认为，一个行业在长期均衡时是否实现了价格等于长期边际成本，即 $P=LMC$，也是判断该行业是否实现了有效资源配置的一个条件。商品的市场价格 P 通常被看成是商品的边际社会价值，商品的长期边际成本 LMC 通常被看成是商品的边际社会成本。当 $P=LMC$ 时，商品的边际社会价值等于商品的边际社会成本，它表示资源在该行业得到了最有效的配置。倘若不是这样，当 $P>LMC$ 时，商品的边际社会价值大于商品的边际社会成本，它表示相对于需求而言，该商品的供给是不足的，应该有更多的资源转移到该商品的生产中来。若 $P<LMC$，则表示相对于需求而言，该商品的供给是过剩的，存在着资源浪费。

在完全竞争市场条件下，在厂商的长期均衡点上有 $P=LMC$，它表明资源在该行业得到了有效的配置。在不完全竞争市场条件下，在不同类型厂商的长期均衡点上都有 $P>LMC$，它表示资源在这些非竞争行业生产中的配置是不足的。尤其在垄断市场条件下，独家厂商所维持的低产高价，往往使资源得不到充分利用的现象更为突出。

以上是西方经济学家对不同市场类型经济效率的基本观点。此外，西方经济学家对这一问题的研究还涉及以下几个方面：

(1)垄断市场与技术进步的关系。有的经济学家认为，垄断厂商会阻碍技术进步。因为，垄断厂商只要依靠自己的垄断力量就可以长期获得利润，所以缺乏技术创新的动力，甚至为了防止竞争对手的新技术和新产品对其垄断地位的威胁，还有可能通过各种方式去阻碍技术进步和产品创新。但也有不少经济学家认为，垄断是有利于技术进步的。因为一方面垄断厂商利用高额利润形成了雄厚的经济实力，有条件进行各种科学研究和技术创新；另一方面，垄断厂商可以利用自己的垄断地位，在长期内取得由于技术进步带来的更高利润。这些经济学家还认为，关于垄断有利于技术进步的观点，在一定程度上对寡头厂商也是适用的。

(2)规模经济。西方经济学家认为，对不少行业的生产来说，只有大规模的生产，才能收到规模经济的好处，而这往往只有在寡头市场和垄断市场条件下才能做到。不能设想，无数个如同完全竞争行业或垄断竞争生产集团内的企业，可以将钢铁生产和铁路运输等经营保持在最有效率的水平上。

(3)产品的差别。西方经济学家认为，在完全竞争市场条件下，所有厂商的产品是完全相同的，它无法满足消费者的偏好。在垄断竞争市场条件下，众多厂商之间的产品是有差别的，多样化的产品使消费者有更多的选择自由，可满足不同的需要。在产品差别这一问题上，寡头垄断行业也存在与垄断竞争集团相类似的情况。

(4)广告支出。西方经济学家认为，垄断竞争市场和寡头垄断市场的大量广告，有的是有用的。因为它为消费者提供了信息，提高了产品的知名度。但是，过于庞大的广告支出会造成资源的浪费和抬高销售价格，再加上某些广告内容的过于夸张和片面诱导，这些都是对消费者不利的。

练习题

一、名词解释

1. 垄断竞争市场
2. 非价格竞争
3. 卡特尔
4. 晴雨表型价格
5. 成本加成定价
6. 寡头垄断
7. 营销竞争

二、单项选择题

1. 垄断竞争厂商短期均衡时,(　　)。

A. 一定能获得超额利润　　B. 一定不能获得超额利润

C. 只能获得正常利润　　D. 取得超额利润、发生亏损都可能发生

2. 垄断竞争市场厂商的短期均衡发生在(　　)。

A. 边际成本等于实际需求曲线中产生的边际收益时

B. 主观需求曲线与平均成本曲线相切时

C. 主观需求曲线与实际需求曲线相交,并有边际成本等于主观需求曲线中产生的边际收益时

D. 平均成本下降时

3. 卡特尔制定统一价格的原则是(　　)。

A. 使整个卡特尔产量最大　　B. 使整个卡特尔利润最大

C. 使整个卡特尔成本最小　　D. 使整个卡特尔各厂商的利润最大

4. 寡头垄断的产品是(　　)。

A. 同质的　　B. 有差异的

C. 既有同质性也有差异　　D. 以上都不对

5. 在垄断竞争厂商长期均衡点上,长期平均成本曲线处于(　　)。

A. 上升阶段　　B. 下降阶段

C. 水平阶段　　D. 以上三种都可能

三、简答题

1. 试述垄断竞争厂商的两条需求曲线的含义及其相互关系,并进一步说明垄断竞争厂商的短期均衡和长期均衡的形成及其条件。

2. 在一个有支配厂商的价格领导模型中,除支配厂商外,是否其他所有厂商的行为都像完全竞争市场中厂商的行为一样?

第六章*

要素价格与收入分配

前文在假定生产要素价格已知的前提下，分析了产品市场均衡价格与均衡产量的决定。但产品市场是与生产要素市场（一般简称为要素市场）密切相连、相互影响的。本章阐述要素市场的基本特点，探讨生产要素的配置及其价格的决定，在此基础上分析收入分配问题。微观经济学认为，生产要素价格的决定，实质是要解决为谁生产的问题。

小链接

一项研究表明，在其他因素不变的情况下，某学区的教师工资取决于该地区内学区数量的多少。由此提出以下问题：(1)如果该地区内的学区比较多，那么某特定学区的教师工资是会高些还是会低些？(2)假定教师可毫无代价地到该地区以外的学区去任职，这是否会影响第一个问题的答案？(3)近年来，大的学区倾向于分散成若干个小学区，并且每个小学区自己有权制定有关解聘教师的规章。这对教师工资有何影响？

根据市场生产要素的相关理论进行分析：如果处于相对隔离状态的学区是该学区教师的唯一雇主，则有可能只支付较低的工资；反之，如果该地区学区较多，相互之间对教师竞争较为激烈，则教师工资水平会相对较高。如果教师可以毫无代价地到该地区以外的学区去任职，那么即使某学区是当地教师的唯一雇主，也会大大降低其买方垄断能力。学区分散化决策可能会提高教师工资，因为这会增强不同学区聘用教师的竞争程序。

第一节　要素市场的需求和供给

在第三章中已经提到，厂商将四大类生产要素组合起来生产出产品，而厂商获取生产要素则要通过要素市场。产品的价格决定于产品市场的供求，要素的价格则决定于要素市场的供求。在分析要素市场时，虽然要素市场的供求与一般产品市场的供求有所区别，但是其基本的分析方法没有改变。要素市场也分为完全竞争与非完全竞争两类，产品市场利润最大化的原则在要素市场也适用，不过其表现形式却有所变化。

一、要素市场的利润极大化原则

要素市场的需求是一种引致需求，消费者对产品的需求引发了厂商对生产要素的需求。所以厂商对要素的需求及需求量不是取决于自身，而是取决于消费者对其产品的需求。产品市场的利润最大化原则要求 $MR=MC$,而要素市场的利润最大化是如何实现的呢?为了研究这个问题,须引入以下几个概念:

(1)**边际生产力(marginal productivity),是指在其他条件不变的前提下,每增加一个单位要素投入所增加的产量**。这一概念由美国经济学家克拉克首先提出,有时也被表述为边际物质产品(MPP),简称为边际产品(MP)。

(2)**边际收益产品(Marginal Revenue Product,MRP),是指增加一个单位要素投入给厂商带来的收益增量**。$MRP=MP\cdot MR$,其中 MP 为要素的边际产量,MR 为产品的边际收益。一般来讲,由于 MP 随着要素投入的增加而减少,MR 随着产品销量的增加而下降,所以边际收益产品随着要素的增加而下降。如果投入的要素是劳动,则劳动的边际收益产品表示为 MRP_L;如果投入的要素是资本,则资本的边际收益产品表示为 MRP_K。

(3)**边际要素成本(Marginal Factor Cost,MFC),是指追加一个单位要素投入而导致的总成本的变化**。在要素市场上,为使利润极大化,厂商将按照 $MRP=MFC$ 的原则来使用投入要素。因为厂商在决定投入多少生产要素时,必须考虑成本和收益的比较,即追加一单位生产要素所获得的收益 MRP 能否补偿他为使用该单位要素所需支付的成本 MFC。如果 $MRP>MFC$,这表示继续增加要素投入所带来的收益会超过为此所支付的成本,因此这时增加要素投入会使利润总额增大,厂商必然会增加要素的投入。如果 $MRP<MFC$,这表明最后增加的要素投入反而造成利润总额的减少,厂商必然会减少要素的投入,一直到边际收益产品等于边际要素成本时为止。所以,只有在 $MRP=MFC$ 的条件下,厂商的利润达到极大。因此在要素市场上,**利润极大化的条件是 $MRP=MFC$** 。

二、完全竞争条件下的要素供求

这里的完全竞争指的是产品市场和要素市场都处于完全竞争的状态。因为是完全竞争市场,所以要素价格和产品价格都保持不变。为讨论简便,只考察厂商对一种可变要素(如劳动力)的需求,产品价格为 P,要素价格即使用劳动的成本为 W。

分析完全竞争市场,再引入**边际产品价值(Value of Marginal Product,VMP)这个概念。它是厂商增加使用一个单位要素所增加的收益,即等于边际产出与产品价格的乘积,$VMP=MP\cdot P$** 。在完全竞争的产品市场上,因为 $MR=P$,所以 $MRP=VMP$。

在完全竞争条件下,要素所有者不能影响要素价格,更不能决定要素价格,只能接受由整个要素市场供求决定的既定要素价格,所以要素的供给曲线表现为一水平线,这一曲线也是 MFC 曲线,而且这时 $MFC=W$。同产品市场一样,要素的供求曲线的交点决定了要素的均衡价格和要素的均衡使用量。不难发现,要素的均衡价格由行业的要素供求决定。全行业的供给曲线之所以向右上方倾斜,我们可以这样来理解:由于一定时期内,资源总量是固定的,消费者只能将其拥有的全部资源的一部分(当然,这部分可以小到 0,也可能大到等于其资源总量)作为生产要素提供给市场。全部既定资源中除去供给市场的生产要素外,剩下的部分可称为"保留自用"(或简称为"自用")的资源。因此,所谓"要素供给问题",可以看成是消费者在一定的要素价格水平下,将其全部既定资源在"要素供给"和"保留自用"两种用途上进行分配,以获得最大效用。随着要素市场价格的上涨,单位"要素供给"给消费者带来的效用在增加,消费者就愿意增加"要素供给"。

三、不完全竞争条件下的要素供求

不完全竞争市场，是指除完全竞争以外的三种多少带有垄断因素的产品市场和要素市场。对单个厂商而言，完全竞争与不完全竞争的产品市场的重要区别之一是：产品价格在完全竞争市场中给定不变，而在不完全竞争市场中，则是产销量的函数，即产销量增加时，价格必须下降。由于产品价格决定不同，在这两种不同类型的市场中产品的需求曲线就不一样。在要素市场上，要素的供给价格也受很多因素的制约，如工会、政府干预会影响劳动的供给，利率则会受资本边际效率、时间长短等诸多因素影响，因此要素的供给和需求的变化更为复杂。

第二节 工资的决定

工资是劳动的市场价格，因此它也是由劳动的供求状况决定的。由于劳动是生产的主观要素，与其他客观要素相比，它的价格决定又有特殊性，所以要结合社会实际加以考察和研究。

一、劳动的供给

劳动供给是指劳动者在不同价格水平上愿意并能够提供的劳动数量。劳动价格通常用工资率加以衡量。**工资率是指单位劳动(时间)的工资，劳动价格水平实际是指工资率高低。**影响劳动供给的因素很多，如总人口中能够参加工作的人数、劳动者的年龄和性别、工作条件、传统风俗等。但一般假定其他因素不变，只将劳动供给看作劳动价格——工资率的函数。

劳动供给与闲暇需求存在着反向变化关系。我们可以把工资视为闲暇的机会成本或是闲暇的价格。因此我们可以用闲暇需求曲线来解释劳动供给曲线。我们知道，正常物品的需求曲线之所以向右下方倾斜，是因为受到替代效应和收入效应的影响。同样，闲暇需求也受到替代效应和收入效应的影响。我们分别来看一下：

(1)替代效应。假定闲暇的价格即工资上涨。相对于其他商品而言，闲暇这个商品现在变贵了，于是消费者减少对它的“购买”，而转向其他替代品。由于替代效应，闲暇需求量与闲暇价格呈反向变动。

(2)收入效应。对于一般商品，价格上升意味着消费者实际收入下降，但闲暇价格的上升却意味着实际收入的上升。随着收入的增加，消费者将增加对商品的消费，也会增加对闲暇商品的消费。由于收入效应，闲暇需求量与闲暇价格的变化相同。随着闲暇价格的上升，闲暇需求量究竟是下降还是上升取决于两种效应的大小。当替代效应大于收入效应时，闲暇需求量随着工资的增加而减少；当收入效应大于替代效应时，闲暇需求量随着工资的增加而增加。通常收入效应要小于替代效应，但闲暇价格的变化有时也会超过替代效应。当工资处于较高水平时，工资上涨引起的收入增量就会很大，从而可以超过替代效应。

其实，在劳动工资率极低的情况下，当工资率提高后劳动的供给也可能会减少。对于一些极端贫穷而劳动技能又低的劳动者来说,劳动是很痛苦的事情。当工资率很低时,他为了维持生存不得不长时间工作以获得一定的收入,而当工资率提高后,减少劳动时间也可以应付必要的支出,则他就会选择少劳动。

二、劳动的市场供给和均衡工资的决定

将所有单个消费者的劳动供给曲线相加,即得到整个市场的劳动供给曲线。尽管许多单个消费者的劳动供给曲线可能向后弯曲,但劳动的市场供给曲线却不一定也是如此。在较高的工资水平上,现有的工人也许提供较少的劳动,但高工资也吸引进来新的工人,因此总的市场劳动供给一般还是随着工资的上升而增加,从而市场的劳动供给曲线仍然是向右上方倾斜的。

由于要素的边际生产力递减和产品的边际收益递减,要素的市场需求曲线通常总是向右下方倾斜。劳动的市场需求曲线也不例外。将向右下方倾斜的劳动需求曲线和向右上方倾斜的劳动供给曲线综合起来,即可决定均衡工资水平。

三、垄断条件下的工资

劳动市场的非完全竞争即垄断性,主要有三种情形:

(1)买方垄断。要素的使用者较少,此时的供给曲线与 MFC 曲线分离,处于下方,表明要素使用者可以较低价格购买劳动。

(2)卖方垄断。劳动者依靠工会等形式联合起来,形成强大的卖方垄断市场,促使劳动价格即工资率上升。

(3)双边垄断。同一行业同时存在买方垄断和卖方垄断。买方垄断时,厂商雇佣的劳动量为 L_1,对应的工资水平为 W_1;而卖方垄断时,工会对于 L_1 的就业量提出的工资要求可能是 W_2。双边垄断时,工资应位于 W_1 和 W_2 之间,其大小取决于垄断厂商与工会的力量对比。

四、教育与工资差别

产生劳动市场工资水平差异的一个重要根源是劳动者教育程度的高低。不少国家实证分析表明,受教育的程度与工资水平呈正相关:受过教育的劳动者的工资要高于未受过教育的劳动者。教育导致的工资差异是十分明显的,这可以从劳动的需求和供给两个方面来说明。

现实生活中,虽然存在着不同层次的教育和培训,但我们可以把教育水平简单地分为受过教育和未受过教育两种,相应地把劳动分为熟练劳动和不熟练劳动两种。熟练劳动的边际生产力要比不熟练劳动高,能提高劳动生产率,从而给厂商带来更多的边际收益产品。在任何一个既定的劳动需求量上,厂商愿意向熟练劳动支付的工资要高于向不熟练劳动支付的工资。这两种工资之间的差异是两种不同劳动边际生产力的差别。

把教育和劳动的边际生产力相联系,从而解释工资差异的理论也称为人力资本理论。**人力资本是指体现在个人身上的可以得到收益的价值。**从劳动需求角度来看,人力资本的投资提高了劳动者的边际生产力,在同样的条件下给厂商带来了更多的收益,因此厂商愿意

为此多支付报酬;从劳动供给角度来看,人力资本的投资增加了劳动者的支出,这种支出不仅包括学费等直接成本,而且包括因上学或接受培训而损失的工资收入,即机会成本,因此劳动者要求更高的工资待遇以弥补接受教育和培训的支出。这样,教育作为人力资本投资在供求两个方面作用于劳动市场,使劳动工资出现了差异。

人力资本投资也经常成为企业增加利润的方式。厂商对它的劳动者进行培训,能使其在未来产生更多的利润,是厂商的一种直接投资。从这一点上来说,企业的人力资本投资和实物资本投资的结果是一致的。

人力资本理论认为,教育是人力资本投资的一种方式,然而,从20世纪70年代起,出现了一种与人力资本差异很大的理论。有些经济学家认为,毕业文凭只能作为一种衡量工作能力的尺度和"信号",而不是获得技能的证据,产生这种理论的基础是劳动市场的信息不对称。教育是劳动市场的一个重要信号,一个劳动者的受教育程度可以通过几个方面来衡量——受教育的年限、获得的学位、就读学校的声誉、个人的平均成绩等。教育能够使受教育者获取对工作有益的信息、技艺和知识,从而直接或间接地提高他们的劳动生产率。即使教育并不提高劳动的生产率,它仍然能够成为代表较高生产率的有用信号。生产率高的劳动者一般智商较高、求知欲强、学习方法好且工作较努力,这些能力也是获得良好教育的必要条件。因此,生产率水平较高的劳动者更容易得到高水平的教育,而受过高水平教育的人也往往代表高生产率的劳动者。

五、工会与劳动供给

工资的差异还可能来自劳动力市场中的垄断,工会是卖方垄断的主要形式。工会是由工人自发组成,借以增强劳动者市场力量的组织。凭借集体的力量,工会可以对改善工作条件和增加工资待遇发挥积极的作用。工会主要有两种类型:一种是技术工会,另一种是产业工会。

在现代社会中,工会已经是劳动市场中不可缺少的组成部分,在劳动力市场中具有很大的影响力。工会使有组织的工人的市场力量得到增强,从而使会员的工资高于非会员。从这个意义上说,工会类似于卡特尔,同样,工会也会面临卡特尔的难题。为了抬高工资,导致一部分工人失业,还有一部分工人不得不缩减工作时间。因此,工会必须对这些人进行补偿,但无法避免这部分工人选择欺骗策略,即享受高工资并偷偷地增加工作时间。

在实践中,工会常用的主要手段有以下几种:

(1)提高工会成员的边际生产力。很多工会都积极制订培训计划,鼓励各种形式的在职学习,或通过职业资格制度来提高会员的边际生产力。

(2)鼓励进口限制。在很多国家,工会往往是关税保护主义的热烈鼓吹者,希望以此减少外国产品对本国产品的竞争,进而降低本国劳动的需求弹性。

(3)支持最低工资法案。工会以这种做法防止非会员工人以低工资进行竞争。非会员工资的提高会降低市场对非会员劳动的需求,从而增加对会员劳动的需求。

(4)限制移民迁入。从发展中国家迁入发达国家的移民在劳动熟练程度上相对较低,限制移民迁入有助于减少不熟练劳动力的供给,从而提高对熟练劳动者的需求和他们的工资水平。

(5)集体谈判。集体谈判是指工会作为全体会员的代表与雇主进行工资等福利要求的协商。工人如果分别与雇主单独进行谈判,必将处于不利的地位,但工人组织起来,以同一个声音说话,其力量就会大大增强。在集体谈判中,工会常常以罢工对雇主实施威胁,因而是工会最有力的斗争"武器"。

很多研究表明,工会在提高会员的工资方面的确取得了一定的成功。与无工会时相比,工资水平有很大提高。20世纪90年代,工会成员的工资比非工会成员要高出1/3。但是工会的影响力在不同行业、不同时期以及不同性别和种族之间都有所区别。

小链接

改革开放特别是20世纪90年代以来,大量农村剩余劳动力纷纷外出打工,为城市经济的发展做出了巨大贡献。但自2003年下半年以来,我国南方沿海城市出现了"民工荒",众多企业的工人纷纷辞职却又不能招收到新的工人,这些企业大多是劳动密集型企业,如服装厂、玩具厂、鞋厂等。其原因是民工待遇(工资、福利等每月六七百元左右)极低,与10年前相比几乎没有提高,工作又脏又累,劳动时间长。但厂商不愿提高工资,因为就算每人提高100元,一年成本支出也要增加几十万元甚至几百万元。

第三节 利息的决定

利息是资本使用权的价格,是厂商在一定时期内为利用资本的生产力所支付的代价,或者说是资本所有者在一定时期内因让渡资本使用权、承担风险所索取的报酬。

利息率是利息与借贷资本的比例,其高低决定于资本的供求状况。厂商对资本的需求取决于资本的边际生产力。**所谓"资本的边际生产力",是指其他生产要素不变,增加一个单位资本所能增加的边际收益产品**。边际生产力递减规律决定了资本的需求曲线自左向右下方倾斜。将所有单个厂商对资本的需求曲线汇总即形成资本的需求曲线。资本的供给就是资本所有者在不同的利息率水平上愿意而且能够提供的资本数量。资本供给主要取决于让渡资本的机会成本及其风险,只有借出资本所获得的利息报酬可以补偿这些成本,资本供给才成为现实。资本的供给曲线自左向右上方上升,表示利息率越高,资本的供给越大。资本的供给有以下几个基本来源:家庭储蓄、厂商的未分配利润、中央银行新增加的货币发行量、金融体系创造的货币等。而实际利息率的决定还要考虑另外一些因素,如借贷的时间长短、还款方式、借方的偿债能力等。

第四节 地租

地租也称为土地租金,是土地所有者出让土地使用权获得的报酬。本节主要阐述地租以及由其衍生出的准租金与经济租金等理论。

一、土地与地租

经济学中的土地是一个广泛的概念，它不仅指地面，也指地下、空中、水面上的一切自然资源。由于土地的供给总量在一个相当长的时期内是固定的，不会随着地租的变化而变化，所以其供给曲线是垂直的。

地租是在一定时期内利用土地的生产力所支付的代价，或是提供土地这一生产要素的报酬。地租是由土地的供给和需求共同决定的。同其他的生产要素一样，土地向右下方倾斜的需求曲线也是由递减的边际生产力决定的。随着社会经济发展，对土地的需求会越来越大，地租也会随着增加。

虽然土地的总量是固定的，但具体到某一用途，土地的供给量不再是固定不变的，因为土地的用途是可以改变的。例如，原用于农业生产的土地可用于建工厂，原用于建工厂的土地可用于开发商品房。当土地所有者决定改变某一块土地的用途时，首先会做收益和机会成本的比较，确保能获取最大收益。这样行业的土地供给曲线应是一条向右上方倾斜的曲线。而该行业的地租和土地使用量则取决于行业土地的供给曲线与需求曲线的交点。这种情形下形成的地租称为**转移地租或转移租金**(transfer rent)。

二、级差地租

由于地理位置、气候状况、肥沃程度和矿藏含量等方面原因，形成的土地质量和等级的差别，使得其边际生产力有大有小，从而又会导致对同一用途的不同级别土地的需求不一样，所决定的地租也不相同。级别高的土地，边际生产力高，地租相应就高。**所谓“级差地租”，就是不同级别的土地与同一用途的最劣土地之间的地租差额**。级差地租的运用，有利于土地资源的合理配置和土地利用效率的提高。

三、准租金与经济租金

地租与土地资源供给固定不变相联系，这里的固定不变显然对(经济学意义上的)短期和长期都适用。但是，在现实生活中，有些生产要素尽管在长期中可变，但在短期中却是固定的。这些要素的价格在某种程度上也类似于租金，通常称为“准租金”。**所谓“准租金”，就是对供给量暂时固定不变的生产要素的支付，即固定生产要素的收益**。当经济利润为0时，准租金等于总固定成本。当厂商亏损时，准租金小于总固定成本。

经济租金是指支付给生产要素所有者的超额报酬，以及报酬中超过为得到生产要素而必须支付的最低报酬部分。

经济租金的大小取决于要素供给曲线的形状。供给曲线越陡，经济租金越大。当供给曲线垂直时，全部要素收入均变为经济租金。例如，土地的地租收入全部是土地的经济租金。

练习题

一、名词解释

1. 替代效应
2. 收入效应
3. 级差地租
4. 准租金

二、判断题

1. 生产要素的供给与产品的供给具有相同特点。 (　　)
2. 森林、矿藏、河流等自然资源不是生产要素。 (　　)
3. 厂商对生产要素的需求取决于生产要素的边际收益。 (　　)
4. 加入厂商使用先进机器设备取代劳动力,劳动力的需求曲线将向右移动。 (　　)
5. 厂商存在经济利润,则要素存在经济地租。 (　　)
6. 如果男女工人具有相同的生产力,那么不会有厂商以不同的工资率雇用他们,因为以低工资工人取代高工资工人总是有利可图的。 (　　)
7. 当资本的边际效率大于利息率时,厂商继续进行借款投资仍有利可图。 (　　)
8. 准地租在短期内不存在。 (　　)
9. 短期内,资本的需求曲线向右下方倾斜,供给曲线向右上方倾斜。 (　　)

第三篇

国民经济运行

第三章

[illegible]

第七章

国民收入核算理论

宏观经济学是研究一国经济运行状况的科学，它分析总体的经济现象，并研究政府如何通过经济政策来影响宏观经济的运行。对于宏观经济，首先应该关注的是这个国家能够生产多少产品、创造多少价值、该国国民能取得多少收入。衡量国民经济的状况有一系列指标，包括国内生产总值、国民生产总值、国内生产净值、国民收入、个人收入和个人可支配收入等，其中国内生产总值是最重要和使用最广泛的指标。

小链接

美国著名的经济学家保罗·萨缪尔森说："GDP是20世纪最伟大的发现之一。"没有GDP，我们就无法进行国与国之间经济实力的比较、贫穷与富裕的比较；我们就无法知道2017年时我国的GDP总量达到82.7万亿元，排在全世界的第2位，仅次于美国。没有GDP，我们无法了解我国的经济增长速度是快还是慢，是需要刺激还是需要控制。因此，GDP就像一把尺子、一面镜子，是衡量一国经济发展和生活富裕程度的重要指标。

如果你要判断一个人在经济上是否成功，你首先要看他的收入。高收入的人享有较高的生活水平。同样的逻辑也适用于一国的整体经济。当判断经济富裕还是贫穷时，要看人们口袋里有多少钱。这正是国内生产总值(GDP)的作用。

GDP同时衡量两件事：经济中所有人的总收入和用于经济中物品与劳务的总支出。

第一节　国内生产总值

国内生产总值(Gross Domestic Product，GDP)是衡量宏观经济总体水平的重要指标，其定义为一个国家或地区在一段时期内(通常指一年)生产的所有最终产品和劳务的市场价值总和。为了全面地认识GDP的概念及其核算，以下分别解释"最终产品和中间产品""生产问题""市场价值""一段时期内"所表示的意义，以获得对国内生产总值的全面认识，这也是明确GDP核算方法的前提。

一、最终产品与中间产品

小链接

北京烤鸭是非常出名的美食,其出售的价格与制作的考究一样令人惊叹。正宗的烤鸭能卖到数百元一只,就是一般的仿制品也能卖到几十元一只。假设烤鸭店花了 20 元从养鸭场买来一只鸭子,加工后以 100 元的价格卖出去。那么在计算 GDP 时,是应该计算活鸭价格加上烤鸭价格共 120 元呢,还是只计算烤鸭 100 元?实际上,我们只能计算烤鸭 100 元,因为活鸭在这里只是中间产品,而不是最终产品。

最终产品指的是到达消费者手中不再用来生产的产品。如果某个产品还被用来生产其他产品或者提供其他劳务,那就是中间产品。

GDP 只计算最终产品的价值,而不计算中间产品的价值,因为中间产品的价值包括在最终产品的价值里,如果再加一遍,就会出现重复计算从而高估 GDP 的价值。本例中,活鸭的价值 20 元包括在烤鸭的价值 100 元里,如果把活鸭的价值也加入的话,GDP 就变成了 120 元,高出其实际的价值 20 元。

我们发现,GDP 的价值也可以通过加总各生产环节的增值额得到,新增价值为企业产出的价值减去为之购买的中间产品的价值。烤鸭店把活鸭加工成烤鸭,发生的增值为 80 元(100－20);假设养鸭场无须购买中间产品,其发生的增值为活鸭的价值 20 元,那么 GDP 就是总的增值 100 元(20＋80)。

这种计算有其重大的意义,它揭示了一种核算 GDP 的方法,即通过加总各生产部门发生的增加值也能得到国内生产总值,这就是下一节将要介绍的生产法。

二、生产问题

从定义中可以看出,GDP 测算的是生产出来的价值,而不是销售的价值,这有非常重要的区别。销售的产品可能是当期生产的,也可能是以前生产的;当期生产的产品可能全部在当期销售完毕,但更可能的是还有部分没有售出。那么这些生产出来但没有被销售出去的产品如何影响 GDP 呢?

我们的处理方法是把没售出的产品视为存货投资,即认为是生产者购买了自己的部分产品,增加自己的存货数量,这部分价值将计入当期 GDP。

小链接

例如,2018 年某汽车厂生产了 10 万辆轿车,当年卖出了 9 万辆,还有 1 万辆没有售出。在计算 GDP 时,这 1 万辆车就被视为存货,是企业购买自己的产品,应该按照其市场价值计入 2018 年的 GDP。这样就保证 GDP 能够准确地反映当期所有产品和劳务的情况。存货投资可以为正,也可以为负,表示存货数量的增加或减少。

引入“存货投资”的概念,把卖不出去的产品视为厂商购买了自己的产品,是厂商的一项支出,这样就保证了总的产出等于总的支出,从而使我们可以运用支出法,核算国内生产总值。

三、市场价值

现实经济中生产的产品和劳务有成千上万种，要使这些千差万别的产品和劳务具备可加性，从而统计其总量，一个合理的方式就是用各种商品的数量乘以其价格，得到其市场价值，然后进行加总。

但如果某项产品或劳务不在市场上交易，不具备市场价格，那又该怎么办呢？这涉及两种情况：第一种是通过估算这些产品和劳务的市场价值，来获得一个大致的数额；第二种是无法详细考察，从而不能计入 GDP。

第一种情况包括住房问题和政府服务。一个人租用别人的房子，需要支付租金，如果他居住的是自己的房子，虽然没有支付租金，但是享用了住房，应该视为向自己购买了服务，发生了劳务价值的增加。具体来说，就是按照这套房子租给别人可能产生的租金来估算价值，但在实践中并未计入 GDP。

政府服务不在市场上交易，无法估算其价值，现实的做法是根据这些服务的成本来估算其价值，即按照公务员的工资来衡量。

第二种情况包括地下经济和家庭服务，这部分价值无法计入 GDP。地下经济包括避税交易和非法交易：大学生暑期兼职，往往不会去申报这笔收入，因为不想为此纳税；金三角的毒品交易涉及巨大的金额，但是却无法去做准确统计。

家庭服务也无法计入 GDP，去计算人们为自己打扫卫生、洗衣做饭所产生的价值是很不现实的。

小链接

某位女主人雇用了一位男管家为其打点日常事务，并向他支付工资，这部分价值计入了 GDP；后来，女主人爱上了这位管家，并和他结婚了，虽然新的男主人还在做同样的工作，但是他再也不能贡献 GDP 了，因为他的工作变成了家庭服务。

四、存量与流量

在分析宏观经济时，需要从时间的角度区分两种重要的变量：存量和流量。存量衡量在某个时点上的变量数值，流量衡量一个时间段内的变量数值。

解释存量和流量最常用的例子是向水池里放水，水池里面的水是存量，是在某个时点观察到的；而流入水池里的水则是流量，是在一段时间内观察到的。

存量和流量往往是对应的，如资本形成总额是存量，而投资则是相应的流量；你的财富是存量，你每个月的收入和支出是相应的流量。在存在对应流量的情况下，两个时点上存量的差额便是此间发生的流量。例如，9:50 的时候水池储水量为 5 400 立方米，10:00 的时候储水量为 6 000 立方米，在这 10 分钟的时间段内便发生了 600 立方米的流量。

把经济变量区分为存量和流量，对我们的分析是非常有意义的。GDP 本身就是最重要的流量，它表示经济中每一年新增的价值。相应地，GDP 只计算经济中新增的价值流量，而不计算已有的价值存量，如某年已有的资本存量不能计入当年 GDP，而当年的新增投资则应该计入 GDP。

第二节 核算国内生产总值的方法

核算 GDP 的办法主要有三种,即生产法、支出法和收入法。生产法通过加总各产业部门的新增价值,而得到国内生产总值;支出法通过加总国内购买各种最终产品和劳务的支出而得到;收入法通过加总各种生产要素的收入而得到。虽然三种方法的计算过程不同,但是计算结果是相同的。

一、核算方法的理论依据

通过生产法得到 GDP 的理论依据在上文已经阐述过了,即 GDP 可以通过加总各生产单位的增加值得到。那么为什么 GDP 可以通过支出法和收入法得到呢? 这是因为 GDP 既可以被视为是总收入,也可以被视为是总支出。

从生产的角度来看,产出的价值全部以工资、利息、地租、利润等形式支付给劳动和资本等生产要素的提供者,构成他们的收入。从总量上来看,作为一个经济体所有的产出价值之和,GDP 必然与这个经济体的总收入相等,当然也就可以通过加总所有部门的收入得到总收入,从而得到 GDP 的值。

从需求的角度来看,由于未卖出的产品被视为企业的存货投资,当不存在政府购买以及对外贸易时,我们可以认为所有产品要么在当期被消费完,要么留存为未来投资。所有经济部门的消费和投资构成这个经济体的总支出,在数量上必然与 GDP 相等,从而可以通过加总所有最终产品和劳务的支出得到 GDP。

在这个简单的经济体中,家庭向企业提供劳动、资本和土地,企业以工资、利息、租金等方式向家庭支付要素报酬。

根据定义,这个经济体的国内生产总值是企业提供的所有最终产品和劳务的价值总和,是该经济体的总产出。一方面,家庭向企业购买这些产品和劳务,形成总支出;另一方面,企业把销售产品和劳务取得的收入,支付给生产要素的提供者,构成他们的总收入。

我们接下来考虑包括政府部门在内的、完整的收入支出循环,即三部门、三市场条件下的循环情况。此时经济中的总支出包括居民消费、政府支出和企业投资。

企业又把销售收入以要素报酬的形式支付给家庭即要素的提供者,形成经济中的总收入。家庭把总收入用于消费、储蓄和缴纳税收,消费直接构成总支出的一部分。储蓄的一部分通过货币市场借贷给政府,与税收一起构成政府的支出;储蓄的另一部分借贷给企业,形成企业投资,结果总收入全部转化为总支出,因此经济中的总收入等于总支出。

可见,总支出和总收入可以理解为,从支出和收入的角度对总产出进行衡量,对一个经济体来说,其总产出必然等于总支出,也必然等于总收入,即

总产出≡总支出≡总收入

运用支出法和收入法核算经济体中的总支出和总收入,就能够得到国内生产总值。从理论上说,通过三种方法都能得到 GDP,而且结果应该是相同的;但是在实际中,由于存在

统计误差,三种方法得到的结果往往会有所差异;不过这些差异是比较小的,不会妨碍到我们对宏观经济的认识。

二、支出法

支出法(expenditure approach)是指通过加总一年内所有最终产品和劳务的支出,得到当年新增产品和劳务的总价值。运用这种方法计算 GDP,总支出可分为以下四个部分:

(一)消费支出

消费支出是家庭做出的、购买最终产品和劳务的支出,包括各种耐用消费品(汽车、电脑等)和非耐用消费品(鞋子、服装等),但是其中并不包括建造和购买房宅的支出,这部分算作固定资产投资。消费支出在 GDP 中占的比重最大,一般能占到一半左右,宏观经济分析中通常用字母 C 来表示。

(二)投资支出

投资支出是由家庭或者企业做出的、增加新资本或者更换已有资本的支出。投资支出可以分为固定资产投资(fixed investment)和存货投资(inventory investment)。**固定资产投资是指投资于长期存在并投入使用的资产,包括家庭建造和购买新的住所、企业购买新的机器设备等。存货投资主要包括原材料、在制品、未销售的产成品等。**正是因为引入了"存货投资"的概念,把卖不出去的产品视为企业购买了自己的产品,才保证了总产出始终等于总支出。

需要注意的是,宏观经济学里的投资概念不同于我们平时所说的投资,这里的投资指的是物质资本的增加,包括存货的增加;而我们平时所讲的投资还包括购买股票、债券等虚拟资本,这些只是资产的转移或资产形式的变化,不能引起经济中物质资本的增加,因而不能计入 GDP。

新增资本称为净投资,更换已有资本称为重置资本,两者合称为总投资,在计算 GDP 时,投资项目采用的就是总投资。举例来说,2018 年某国投资额为 600 亿元,其中 200 亿元投资用于更换陈旧机器设备、修葺房屋等,这部分投资就是重置投资;另外 400 亿元用来购买新的机器设备,是净投资。在计算 GDP 时应该采用两者之和,即总投资 600 亿元。一般来说,总投资都是正的数值,但是存货投资可以为正,也可以为负。宏观经济分析中通常用字母 I 表示投资支出。

我国的资本总额,尤其是固定资本总额,是稳步、快速增长的。固定资产在投入时是经济中的支出,是总需求的一部分,固定资产投资能够拉动总需求,促进经济增长;固定资产在建成后,便成为新的生产力,能够为社会生产更多的产品,增加总供给。

(三)政府购买支出

政府购买支出指的是政府部门做出的、购买各种产品和劳务的支出。这些产品和劳务可能由政府部门消费,如为公务人员购置办公用品;也可能是为社会公众提供服务,如国防建设、修建道路桥梁、创办公共学校等。这两类属于购买性支出,要计入 GDP。

除了购买性支出外,政府支出还包括转移支付(transfer payment)。**政府的转移支付主要指各种社会福利和救济支出**,这部分支出是不计入 GDP 中的,因为转移支付并没有出现相应的新增产品和劳务,只是把一部分已有收入进行再分配。例如,政府向失业者发放救济金,不是因为他们提供了产品或劳务,而恰恰是因为他们没有工作。

宏观经济分析中通常用字母 G 表示政府的购买性支出。在我国的统计体系里,政府购买被称为政府消费,与私人消费一起并入最终消费。

(四)净出口

产品、劳务和资本的国际流动使得世界各国的经济联系变得越来越紧密,并深刻地影响到一国的宏观经济运行。一般来讲,一国总要进口外国的一些产品和劳务,并同时向外国出口本国的一些产品和劳务。**进出口往往是不平衡的,我们用净出口表示它们的差额**,以 X 表示出口,M 表示进口,NX 表示净出口,则有 $NX=X-M$。净出口为正,表示外国对本国产品的净需求和净支出,构成本国的净收入;净出口为负,表示本国对外国产品的净需求和净支出,构成外国的净收入。

把以上四个项目加总,我们就得到一个非常重要的等式——国民收入核算恒等式:

$$Y=C+I+G+NX$$

其中,Y 代表从需求角度衡量的 GDP,即总支出。由于我们对各个变量做出相应的定义,这个等式是必然成立的,它刻画了总需求的各个组成部分,其中四个部分表示来自不同经济部门的需求,支出法就是通过加总这四个部分的数值来核算 GDP 的。这个等式对开展宏观经济分析非常重要,我们在以后将经常用到它。

三、收入法

收入法(income approach)**是从收入的角度来核算国内生产总值,是把生产要素所有者的收入加总起来得到的 GDP** 。具体来说,总收入应该包括以下几个部分:

(一)员工收入

员工收入包括工资和各种补助、福利费等,如果企业为员工支付了所得税或者社会保险税,则也应该计算在内。

(二)非公司企业收入

非公司企业指不被人雇用,也不雇用别人的个体企业,如小商贩、个体运输户、私人侦探等。他们使用自己的资金和设备,为自己劳动,向自己支付工资、利息、租金并独享利润,这些收入很难区分开来,在用收入法计算国内生产总值时,就把他们的总收入统计进来。

(三)租金和利息收入

租金是指通过出租土地、房屋、机器设备等取得的收入;利息仅指把资金贷给企业获得的收入,但是不包括购买国债和私人借贷产生的利息,因为这分别属于政府转移支付,以及私人之间的转移支付。

(四)公司利润

公司利润即企业的税前利润，是指扣除员工报酬、借款利息和固定资产折旧等项目后的净收入余额，包括企业所得税、社会保险税、未分配利润和股东红利等。

(五)企业间接税

税收分为直接税和间接税两种。直接税是指企业所得税和个人所得税，这部分税收已经计入工资和利息等项目中了，因此不再计入 GDP；企业间接税包括增值税、销售税、周转税等，这些构成企业成本的一部分，应该计入 GDP。

(六)资本折旧

资本折旧属于重置投资，企业总会用收入的一部分来进行陈旧资本的更新，应该计入 GDP。

综上所述，在收入法下，国内生产总值可以表示为：

GDP＝员工收入＋非公司企业收入＋租金和利息收入＋公司利润＋企业间接税＋资本折旧

因为不同部门的收入最终都会用于纳税(T)、消费(C)或各种储蓄(S)，所以：

$$Y=C+S+T$$

其中，Y 代表从供给角度衡量的 GDP。

四、生产法

生产法(production approach)考察各企业或生产部门的增加值，即统计它们最终产品价值和中间产品价值之间的差额。把各个企业或生产部门的增加值加总，就得到国内生产总值。其中，第一、第二产业的增加值为总产值减去中间产品产值的差额，第三产业按纯收入计算增加值，非营利性部门按工资收入计算增加值。

第三节 其他宏观经济指标

由于通货膨胀等因素的影响，使名义 GDP 与实际 GDP 分离开来。只有把名义 GDP 还原为实际 GDP，才能准确地计算出国内生产总值的增长率。此外我们还要了解国民生产总值、国民生产净值和国民收入等相关指标。

一、名义 GDP 和实际 GDP

国内生产总值是通过核算当年提供的最终产品和劳务的市场价值得到的，也就是把各种最终产品和劳务的数量乘以价格，并加总得到 GDP。如果只依据这个指标，就会产生一个问题：当 GDP 增长时，我们不知道是什么引起的，可能是产品和劳务的数量增加了，可能是它们的价格增加了，也可能是数量和价格同时增加了。

研究宏观经济的最终目的是为了实现国民经济的稳定增长,提高整个社会的福利水平。衡量福利水平的重要依据就要看该社会可供使用的产品和劳务数量,数量越多就可以实现更高的福利水平。从这个意义来说,GDP 不是衡量社会福利的完美指标,其增长可能是由价格引起的,而产品和劳务的数量并没有增加。为此,我们要区分名义 GDP 和实际 GDP 的概念。

我们把以当期价格衡量的产品和劳务的总价值称为名义 GDP,把以基期价格衡量的产品和劳务的总价值称为实际 GDP。具体做法是先选定某年的价格水平,如 2000 年的价格水平作为固定不变的基期价格,然后用基期价格乘以各年的产品和劳务的数量,得到实际国内生产总值。

通过把价格固定在基期水平而得到的实际 GDP,就能够衡量不同年份中产品和劳务数量的变化,从而反映社会福利的实际变化。这是很有必要的,因为名义 GDP 增长率与实际 GDP 增长率可能存在较大的差距,在通货膨胀严重的年份更是如此。把名义 GDP 比上实际 GDP,就可以得到另一个经济指标,即 GDP 平减指数,其定义式为:

$$\text{GDP 平减指数} = \frac{\text{名义 GDP}}{\text{实际 GDP}}$$

GDP 平减指数衡量的是相比于基期,物价水平发生了怎样的变化。它是非常重要的通货膨胀指标。也就是说,用名义 GDP 去除以 GDP 平减指数,就能够得到实际 GDP。

二、一些相关的重要指标

国内生产总值是核算国民收入最重要的指标,此外还有一些与此相关的指标,以不同的口径核算国民收入,以反映不同的问题。

(一)国民生产总值

国民生产总值(Gross National Product,GNP),衡量的是某段时期内一国所有生产要素获得的收入,等于从国内生产总值里减去支付给外国的生产要素收入,并加上本国居民从外国获得的生产要素收入,也就是国内生产总值加上从国外取得的净要素收入。

$$\text{GNP} = \text{GDP} - \text{支付给外国的要素收入} + \text{从外国获得的要素收入}$$

小链接

例如,海尔集团在澳洲投资设厂,取得的收入应该计入澳洲的国内生产总值,也应该计入我国的国民生产总值;麦当劳在我国开设的连锁店创造的收入应该计入我国的国内生产总值,也应该计入美国的国民生产总值。

我国近年来鼓励本国企业“走出去”,到国外去发展,相应地也越来越重视国民生产总值的核算。

(二)国内生产净值和国民生产净值

国内生产净值(Net Domestic Product,NDP)衡量的是国内经济活动的净价值,等于从国内生产总值里减去固定资本折旧。

NDP＝GDP－固定资本折旧

因为固定资本折旧是经济活动的成本，减去折旧得到的就是净价值。类似地，**国民生产净值（Net National Product，NNP）是从国民生产总值里减去固定资本折旧得到。**

NNP＝GNP－固定资本折旧

（三）国民收入

正如在介绍收入法时所提到的，**国民收入（National Income，NI）衡量的是一国投入使用的各种生产要素的报酬总和，从国民生产净值里减去企业间接税得到。**生产要素是指投入的资本、土地和劳动等，报酬的形式包括工资、租金、利息和利润等。

NI＝NNP－企业间接税

上述的国民收入是狭义的国民收入。在广义上，国民收入与GDP、GNP这几个概念并不加以严格区分，我们经常用字母Y表示广义的国民收入。

（四）个人收入

个人收入（Personal Income，PI）是指家庭和非公司企业获得的收入，与国民收入并不相同。国民收入中的公司未分配利润由公司留存，公司所得税和社会保险税上交政府，这几项要扣除；另外，个人还取得企业返还的红利、政府的转移支付和公债利息等。个人收入可以表示为：

PI＝NI－公司未分配利润－公司所得税－社会保险税＋转移支付＋公债利息

（五）个人可支配收入

个人可支配收入（Disposable Personal Income，DPI）是指家庭和非公司企业可以自由支配的收入，从个人收入里减去个人所得税得到。

DPI＝PI－个人所得税

小链接

"绿色GDP"的概念是衡量一国可持续发展能力的指标。1993年，联合国经济和社会事务部统计处在修改后的《国民经济核算体系》中首次提出这一新的统计概念。绿色GDP是在传统GDP概念的基础上，考虑外部影响和自然资源等因素后得出的新GDP数值，反映一国经济发展所带来的综合福利水平，也被称为可持续发展的国内生产总值（sustainable gross domestic product）。其计算方法可以表示为：

绿色GDP＝GDP－（环境恶化带来的价值损失＋自然资源消耗带来的价值损失）

当绿色GDP的增长快于GDP时，意味着自然资源得到节约、环境条件得到改善，这种发展方式具有可持续性，有利于福利水平的不断提高；反之，当GDP的增长快于绿色GDP时，则意味着经济的发展是以自然资源过度消耗、生态环境不断恶化为条件的，这种发展方式是不可持续的，不利于福利水平的提高。

绿色GDP经过了环境因素的调整，能够更真实、科学地反映国民福利水平的变化。但是人们很难为自然资源消耗和环境恶化确定一个合理的价格，无法准确地统计绿色GDP的数值。到目前为止,还没有哪个国家正式公布绿色 GDP 的数据,但可以肯定地说,采用绿色 GDP 的指标是发展的必然趋势。

第四节 失业率与价格指数

失业和通货膨胀是备受关注的经济现象,人们通过观测相应的指标来了解失业和通货膨胀的严重程度,其中衡量失业的指标是失业率,衡量通货膨胀的指标是各类价格指数。

一、失业率的测算

我国规定 16～60 周岁的男性、16～55 周岁的女性为劳动年龄人口。这部分人具备劳动能力,但不是其中每个人都会参加工作,如在校学生、专职太太和其他不愿意找工作的人,他们不想找工作可能是因为懒惰、缺乏自信或是更愿意享受闲暇。从劳动年龄人口中去除这部分人,剩下的就是劳动人口,他们是有劳动能力而且愿意就业的人,他们在劳动年龄人口中所占的比率称为劳动参与率。其计算公式为:

$$\text{劳动参与率}=\frac{\text{劳动人口}}{\text{劳动年龄人口}}$$

并不是每个愿意就业的人都能找到工作,社会上总会存在失业者,失业人数占劳动人口的比率就是失业率。其计算公式为:

$$\text{失业率}=\frac{\text{失业人数}}{\text{劳动人口}}$$

需要指出的是,失业率的统计是需要经常进行的,可能一个月就要进行一次,因为劳动年龄人口中不想找工作的人与劳动人口经常发生转换。例如,某个自由职业者,选择工作一个月、休息一个月的生活方式,在这次统计时,他正在给自己放假,不想马上工作,被列入不想找工作的人;一个月后,他的钱快花没了,又重新开始工作,再次统计时他就是一个劳动人口了。

在劳动人口内部,就业者与失业者的转换也是很快的,尤其是经济发展不断加快,人们不断地轮流处在就业与失业的状态中。为了获得准确的数据,就需要进行经常性的统计。

二、价格指数的测算

价格指数包括 GDP 平减指数、消费价格指数和生产价格指数等。GDP 平减指数能够全面地反映一般物价水平的变化,消费价格指数和生产价格指数着重反映价格变动对日常生活和生产成本的影响。

(一)GDP 平减指数

前面已经介绍过,GDP 平减指数是一种重要的价格指数,以所有产品和劳务的价格为基础,能够全面地反映基期与当期之间发生的一般物价水平的变化。

(二)消费价格指数

消费价格指数(Consumer Price Index,CPI)是最为常用的价格指数,用以衡量居民日常消费的产品和劳务的价格水平变化。由于消费价格指数衡量的是与日常生活密切相关的物价变化,反映通货膨胀对人们生活水平的影响,因此是最受关注的通货膨胀衡量指标。

具体测算方法是:先固定一组典型消费者所购买的一揽子产品和劳务,并根据实际消费情况赋予其中每个项目一个合理的权数。例如,人们购买的大米比面粉多,那么大米的权数就要比面粉的权数大。然后选择某年为基期年份,比较现在购买同样一揽子产品和劳务要比基期年份多花多少钱。

假设典型的消费者每个月要吃 10 个萝卜和 5 个菠萝,我们的固定组合便设定为 10 个萝卜和 5 个菠萝,并以 2000 年为基期年份,那么 CPI 便可计算如下:

$$\text{CPI}=\frac{10\times\text{当期萝卜价格}+5\times\text{当期菠萝价格}}{10\times 2000\text{ 年萝卜价格}+5\times 2000\text{ 年菠萝价格}}$$

(三)批发价格指数

批发价格指数(Wholesale Price Index,WPI)又称生产价格指数(product price index)。与 CPI 类似,WPI 衡量的是固定的一揽子原料和半成品的价格变化,是测算生产成本变动的价格指数,能够反映经济的周期性波动。它对政府分析经济形势、做出经济决策有重要意义,并得到了广泛的应用。

我国统计体系采用的是居民消费价格指数,商品零售价格指数,原材料、燃料、动力购进价格指数等,其中与消费价格指数最接近的是居民消费价格指数和商品零售价格指数,与生产价格指数最接近的是原材料、燃料、动力购进价格指数。

小链接

我国采用的物价指数有五类,分别是居民消费价格指数,商品零售价格指数,工业品出厂价格指数,原材料、燃料、动力购进价格指数以及固定资产投资价格指数。

居民消费价格指数又细分为城市居民消费价格指数和农村居民消费价格指数。居民消费价格指数按用途分为八大类:(1)食品;(2)烟酒及用品;(3)衣着;(4)家庭设备用品及服务;(5)医疗保健及个人用品;(6)交通和通信;(7)娱乐教育文化;(8)居住。八大类又进一步细分为 251 个基本分类,各地每月调查 600~700 种产品的价格。

商品零售价格指数与居民消费价格指数有交叉的内容,但也存在不同的地方,是一个更广泛的指数,其涵盖的项目包括如下大类:(1)食品;(2)饮料、烟酒;(3)服装、鞋帽;(4)纺织品;(5)中西药品;(6)化妆品;(7)书报杂志;(8)文化体育用品;(9)日用品;(10)家用电器;(11)首饰;(12)燃料;(13)建筑装潢材料;(14)机电产品。大类之下细分为 225 个基本分类,各地每月调查 500 种以上产品的价格。

工业品出厂价格指数是指工业品第一次出售时的价格。该项调查采用重点调查与典型调查相结合的调查方法。重点调查对象为年销售收入 500 万元以上的工业企业,典型调查对象为年销售收入 500 万元以下的工业企业。目前《工业品价格调查目录》包括 1 410 多种工业出厂产品,共3 019个规格,调查采用企业报表形式,每月41万家工业企业上报数据资料。

原材料、燃料、动力购进价格指数考察八大类内容:(1)燃料、动力类;(2)黑色金属材料类;(3)有色金属材料类;(4)化工原料类;(5)木材及纸浆类;(6)建材类;(7)农副产品类;(8)纺织原料类。

固定资产投资价格调查所涉及的价格是构成固定资产投资额实体的实际购进价格或结算价格。调查的内容包括构成当年建筑工程实体的钢材、木材、水泥等主要建筑材料价格;作为活劳动投入的劳动力价格(单位工资)和建筑机械使用费用;设备工器具购置和其他费用投资价格。本价格指数的调查采用企业报表和调查员走访相结合的方式。

练习题

一、名词解释

1. GDP平减指数
2. 国民生产总值
3. 消费价格指数
4. 失业率
5. 劳动参与率
6. 政府购买支出
7. 投资支出
8. 支出法
9. 最终产品
10. 中间产品

二、判断题

1. 用支出法计算的GNP包括消费支出、投资支出、政府支出和净出口的总和。( )
2. 在国民收入核算中,产出一定等于收入,但不一定等于支出。( )
3. 当我们测度一个特定时期所发生的事时,我们涉及的是一个流量。( )
4. 在进行国民收入核算时,政府为公务人员加薪,应视为政府购买。( )
5. 对一个国外净要素收入为负的国家而言,GDP应小于GNP。( )
6. 农民生产并用于自己消费的粮食不应计入GNP。( )
7. 用收入法计算的GNP中包括折旧,但折旧不属于要素收入。( )
8. 用支出法计算GNP时的投资是净投资。( )
9. 从NNP中扣除间接税、政府转移支出,再加上政府补助金就等于国民收入。( )
10. 住宅建筑是消费者的耐用品,在国民收入账户中,被作为消费者支出处理。( )
11. 在国民收入核算中所说的储蓄恒等于投资,是指计划的储蓄恒等于计划的投资。( )

12. 储蓄要求一部分现有产品不被消费掉。　　　　　　　　　　　　　　　　　　　　　（　　）

三、计算题

1. 假定某国 2019 年的统计数据为：国民生产总值为 5 000 亿元，消费为 3 000 亿元，总投资为 800 亿元，政府购买为 960 亿元，净投资 500 亿元，政府预算盈余 30 亿元。

求：(1)国民生产净值；(2)净出口；(3)净税收；(4)个人可支配收入；(5)个人储蓄。

2. 假定某国有 A、B、C 三厂商，A 厂商年产 5 000，卖给 B、C 和消费者。其中：B 购买 200，C 购买 2 000，其余 2 800 卖给消费者；B 年产 500，直接卖给消费者；C 年产 6 000，其中 3 000 由 A 购买，其余由消费者购买。

要求：

(1)假定投入在生产都用完，计算价值增加。

(2)计算 GDP。

(3)如果只有 C 有 500 折旧，计算国民收入。

第八章*

国民收入的决定和变动

国民收入的决定，是宏观经济学要研究和解决的核心问题，它的实质是要阐明总供给与总需求的平衡问题。本章在阐述了宏观经济均衡的含义的基础上，首先重点叙述了总需求中的消费需求及其变化规律；然后从简单到复杂，分别阐明了在两部门、三部门和四部门经济中国民收入的决定问题。

第一节 宏观经济均衡的含义

宏观经济均衡是指总体经济处于相对稳定的状态。这种稳定关系是宏观经济变量相互作用的结果，各个变量在其他变量的影响下发生变动；同时，这种变动又对其他变量产生影响。当各种经济变量之间的相互作用达到某种平衡时，总体经济就达到了均衡状态。本节将介绍宏观经济变量怎样相互作用、宏观经济均衡如何实现，以及在均衡条件下国民收入如何决定等问题。为了分析的简便，我们假设经济中的价格水平是不变的，并且物价总水平 $P=1$，这样各种经济变量既是名义值，也是实际值。

一、两类宏观经济变量

研究宏观经济均衡需要考察的变量有总供给、总需求、总产出、总支出和总收入等，为了进行深入的分析，有必要明确这些变量的概念以及它们之间的关系。

总供给和总需求是一类的，属于理论概念；总产出、总支出和总收入是另一类的，属于统计概念。其中，总产出和总收入是总供给的度量指标，总支出是总需求的度量指标。

一个经济体在某段时期内生产的所有产品和劳务的数量，是可供该社会支配的总量——可以用来消费、投资或者出口，这是经济中的总产出，也是经济中的总供给，其市场价值之和就是 GDP 或 GNP。总产出是用来衡量总供给这个理论概念的统计指标，显然两者是同一的。我们习惯上用 Y 表示总产出，用 AS(Aggregate Supply)表示总供给。

我们知道，GDP 也可以通过收入法得到。总产出是由各种要素生产出来的，产出的价值必然以工资、利息、地租、利润等形式支付给生产要素所有者，形成他们的收入，把所有人的收入加总起来就是国民经济中的总收入。总收入必然与总产出相等，总收入就是从另一个角度衡量总供给的统计指标。当我们说总收入或者总产出时，就需要明白，它们代表的是总供给的意思。由此，我们得到一个恒等式：

$$Y \equiv Y_d + T$$

“≡”表示的是恒等关系，这个恒等式表示总产出 Y 恒等于总收入（可支配收入 Y_d 与政府税收 T 之和）。

总需求就是国民经济中对各种产品和劳务的有效需求之和。有效需求是指既有需求的愿望，也有相应的支付能力。总支出是衡量总需求的统计指标，总支出对应于用支出法核算的 GDP，包括家庭的消费 C、企业的投资 I、政府购买 G 和净出口 NX。家庭和政府需要购买产品和劳务，企业需要进行投资，这些都构成国民经济内部的需求，加上来自国外的需求构成国民经济中的总需求。总需求可以用总支出这个统计指标来衡量。我们习惯用 AE（Aggregate Expenditure）表示总支出，用 AD（Aggregate Demand）表示总需求，从而得到另一个恒等式：

$$AE \equiv C + I + G + NX$$

二、总需求决定总供给

在微观经济学中，如果某种商品的供给与需求相等，则供求关系就达到了均衡，此时该商品的价格和产量称为均衡价格和均衡产量。与此类似，当国民经济中的总供给等于总需求时，就实现了宏观经济均衡，此时的总体价格水平和产出水平称为均衡价格水平和均衡产出水平。

总产出和总收入是衡量总供给的统计指标，总支出是衡量总需求的统计指标。总产出、总收入和总支出分别对应用生产法、收入法和支出法计算的 GDP，是从不同的角度去反映同一个数量，它们必然是相等的，即

$$Y \equiv \text{总收入} \equiv \text{总支出}$$

Y 表示国民经济中的总产出。这个恒等式也表示总供给必须等于总需求。当总供给等于总需求，或者说总产出、总收入等于总支出时，国民经济就处于均衡状态。

那么这两类宏观经济变量是怎样相互作用的呢？哪些变量在相互作用中处于主导地位，能够引致其他变量发生改变并与之适应呢？

古典学派认为，供给能够创造需求，总供给是国民经济中占主导地位的变量，价格水平能够起调节作用，使得总需求与总供给相等。

凯恩斯对此予以否认，提出总需求才是主导性的经济变量，总需求决定总供给。凯恩斯的观点有其现实的依据，当时资本主义世界经受了 20 世纪 30 年代的经济大萧条，实质上是供给过剩的经济危机，总需求严重不足，总供给并没有创造出与之相应的总需求。通过对英国经济的仔细观察与分析，凯恩斯推翻了萨伊定律，否认“供给创造需求”的观点，认为价格不能灵活调整而具有黏性，这样带来总需求不足导致了这场危机。在他看来，总需求决定总供给，从而决定国民收入水平。

在现代宏观分析中，这两种对立的观点被视为不同时期经济运行状况的描述而被统一起来。一般认为，宏观经济可以分为以下三个时期：

（一）短期

在短期内，价格是黏性的、难以调整的，因此不能通过价格的自发调节来保持总供给与

总需求的平衡。由于这种价格黏性,资本和劳动力有时候得不到充分利用,因此总需求决定了社会的总产出,此时宏观经济均衡就体现为在既定的价格水平下,总产出恰好等于总支出。一般来说,短期适用于对宏观经济月度以及年度内运行的分析。

(二)长期

在长期内,价格可以灵活调整,从而使总供给与总需求保持平衡,资本与劳动得到充分利用。此时,资本、劳动、技术都是不变的,因此总供给也是不变的。长期的经济均衡就体现在总供给与总需求平衡时,价格水平也处于均衡状态。一般来说,长期适用于对宏观经济在几年内运行的分析。

(三)超长期

此时,资本与劳动数量、技术水平都会发生变动,总供给也在不断变化,因此总供给和总需求会相互影响和相互制约。在超长期间,总供给和总需求会呈现从失衡到平衡,再到失衡的多次反复过程。超长期适用于对几十年甚至更长的时期内宏观经济运行的分析。

三、宏观经济均衡的实现

宏观经济均衡是在总供给与总需求、总支出与总产出的相互作用中实现的,当经济中的总供给等于总需求、总产出等于总支出时,宏观经济就实现了均衡。

需要明确的是,由于我们给各个经济变量下了相应的定义,因此从事后的统计数据来看,经济中的总产出一定是等于总支出的。但是在宏观经济实现均衡的过程中,实际发生的产出和支出可能是不相等的。例如,企业预测失误,生产了 100 万元的产品,而实际的需求只有 80 万元。在这种情况下,我们把这多出来的 20 万元视为企业存货的非意愿增加,企业会因此减少生产,直到非意愿存货为 0;如果实际产出为 60 万元,则存货非意愿地减少 20 万元,企业将增加生产,使存货恢复到意愿的水平;只有当实际产出为 80 万元,与总支出相等时,存货才不会发生变化,宏观经济达到均衡。只有使总供给等于总需求,宏观经济才能达到均衡的思想将贯穿于分析的整个过程,我们可以把这种关系表示在图形上。

如图 8—1 所示,用横轴表示国民经济中的总供给,用纵轴表示总需求,则可以用一条过原点的 45°线表示总供给等于总需求。

总供给等于总需求是理论上的概念,这种关系体现在总支出 AE 等于总产出或总收入 Y 上,因此我们在图中把横轴标为 Y,把纵轴标为 AE。显然,45°线上的每一点都表示国民经济中的均衡,均衡点必然都在这条线上,线外的任何一点都表示非均衡的状态。在 45°线左边的点代表总需求大于总供给,在其右边的点代表总供给大于总需求。

在对不同部门经济的分析中还会发现,宏观经济均衡条件也可以表示为国民经济中的储蓄等于投资,此处的储蓄为广义的储蓄,除个人储蓄外,还包括企业储蓄和政府储蓄。储蓄等于投资的这种关系其实是总供给等于总需求的一种体现,我们将在下面的分析中具体讨论这个问题。

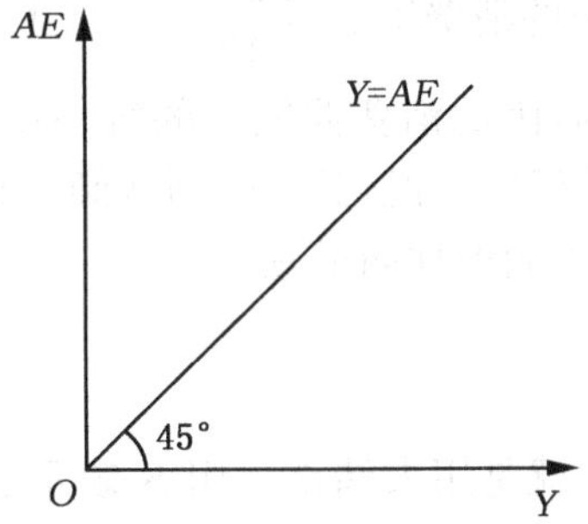

图 8—1 总供给等于总需求

第二节 消费和储蓄

根据凯恩斯的观点，总需求是处于主导地位的经济变量，要研究均衡产出和均衡收入的决定问题，首先就要研究总需求。总需求包括消费、投资、政府支出和净出口，其中消费是总需求中最主要的部分，了解总需求应该先从消费开始。

一、消费与消费倾向

消费是指家庭购买产品和劳务的行为，我们买一瓶汽水、看一场电影、购置一台电脑等都是消费行为。消费既包括日用消费品，也包括耐用消费品；既包括实物消费，也包括享受服务。

我们最关心的问题是消费水平如何确定。影响消费的因素有很多，如收入水平、价格变化、习惯爱好等，其中收入水平是决定消费的主要因素。收入越高，则相应的消费也较高，两者之间是正相关关系。

为分析简单，凯恩斯假定一般的消费函数应该具备如下形式：

$$C=a+bY$$

消费函数反映的是消费 C 与收入 Y 之间的关系。消费函数可以分为 a 和 bY 两个部分，第一部分与收入无关，表示家庭的自发消费，是家庭为了生计必须进行的基本消费；第二部分与收入正相关，收入越多，相应的消费就越多。

消费函数中的 a 表示自发消费，是一个正的常数；b 表示边际消费倾向，是增加的国民收入用于消费的比例。通常人们不会把增加的收入全部用于消费，消费的增加往往小于收入的增加，因此 b 是一个大于 0、小于 1 的正数。

消费曲线的斜率为正，而且随着收入的增加不断递减，表现为曲线越向右移越平坦。**用一条直线把曲线上任一点与原点连接起来，这条直线的斜率就表示该点的平均消费倾向 APC，即消费在收入中所占的比重 $\frac{C}{Y}$；曲线上任一点的切线斜率表示该点的边际消费倾向**

MPC，即收入每增加1元所带来的消费增加量$\frac{\Delta C}{\Delta Y}$。

由于边际消费倾向是递减的，因此消费曲线上的每一点所代表的边际消费倾向都要小于平均消费倾向。对于线性消费函数来说，其边际消费倾向是不变的，表现为曲线斜率始终不变，但是平均消费倾向随着收入的增加而递减。

二、储蓄与储蓄倾向

对家庭来说，收入除了消费，就是用来储蓄。用S表示储蓄，则它们之间的关系可以用公式表示为：

$$Y=C+S$$

代入消费函数$C=a+bY$，便可整理得到储蓄函数：

$$S=-a+(1-b)Y$$

储蓄函数反映的是储蓄与收入的关系。从其表达式可以看出，储蓄函数曲线的截距是一个负数，储蓄函数曲线的斜率$(1-b)$是一个正数，表示储蓄随着收入的增加而增加。**斜率$(1-b)$又被称为边际储蓄倾向，它反映的是收入每增加1元所带来的储蓄增加量$\frac{\Delta S}{\Delta Y}$**。

人们进行储蓄的形式有很多种，包括存放在银行、购买股票和债券等，这会带来利息、红利等形式的收益。如果这些收益率提高，则会促使人们多储蓄，因为可以获得更多的收益；如果收益率降低，则人们倾向于减少储蓄。

储蓄是指把收入或购买力暂时储存起来，把这个概念进一步推广，我们还可以得到企业储蓄和政府储蓄。企业储蓄是指企业把利润的一部分留存，作为以后的生产投入；政府储蓄是指政府收入大于支出的部分。

在后面学习经济增长理论的时候，我们将了解到，增加国民储蓄、提高储蓄率对于促进长期经济增长是至关重要的。

储蓄函数和消费函数是互补的关系。储蓄函数中的$-a$是一个负数，表示储蓄曲线的截距为负；因为b是一个大于0、小于1的数，所以$(1-b)$也是一个大于0、小于1的数，它表示边际储蓄倾向MPS，即收入每增加1元所带来的储蓄增加量。边际储蓄倾向是随收入递增的，表明随着收入的增加，人们把越来越多的部分用于储蓄。

类似地，我们还可以得到平均储蓄倾向APS的概念。**平均储蓄倾向表示储蓄在收入中所占的比重$\frac{S}{Y}$。边际储蓄倾向和平均储蓄倾向都随着收入的增加而递增，在每一个储蓄水平上，边际储蓄倾向都大于平均储蓄倾向。**

储蓄曲线是一条截距为负并向右上方弯曲的曲线。用一条直线把曲线上任一点与原点连接起来，这条射线的斜率就是该点所代表的平均储蓄倾向；储蓄曲线上任一点的切线，其斜率就是这一点所代表的边际储蓄倾向。边际储蓄倾向递增，表现为储蓄曲线越向右越陡峭，在每一个储蓄水平上，边际储蓄倾向都大于平均储蓄倾向。

三、消费理论

消费主要是由收入决定的，并受其他一系列因素的影响。一直以来，许多经济学家都致力于研究除了收入以外，还有哪些因素在影响消费，进而提出各种消费理论，其中有代表性的包括弗朗科·莫迪利阿尼的生命周期假说、米尔顿·弗里德曼的持久收入假说，以及詹姆斯·杜森贝里的相对收入假说。

(一)生命周期假说

生命周期假说认为，人们是站在长期的角度来做消费和储蓄决策的，人们不希望一生中消费水平出现大幅度的变化，而应是比较稳定、平滑的。人们把一生中所有的财富平均地分配到各个时期。

该理论把人的生命划分为三个阶段：青年、中年和老年。一般来说，青年时期收入比较低，依靠举债维持消费；中年时期收入比较高，一部分用来当期消费，另外还要偿还债务，并为老年进行储蓄；老年时期的收入又比较低，需要动用储蓄来消费。

(二)持久收入假说

持久收入假说认为，消费水平与当期收入无关，而只与持久收入相关，消费在各个时期都保持在一个稳定的水平上。持久收入(Y_p)是人们一生中所有收入的平均值，包括现有财富与所有可以预期的收入；与此对应的是暂时收入(Y_t)，即不可持续的收入，两者之和构成人们的当期收入(Y)。其函数式为：

$$Y=Y_p+Y_t$$

消费应该是非常稳定的，由此称为持久消费(C_p)，持久消费只与持久收入有关，且保持恒定不变的正比例关系，即持久消费倾向是一个常数b。其函数式为：

$$C_p=b\cdot Y_p$$

根据该理论，消费比收入更加稳定，暂时性的收入将被分配到各个时期，而使消费保持稳定。收入的任何暂时性变化，如减税带来收入增加或者增税带来收入减少，都不会对消费产生实质性的影响。

(三)相对收入假说

相对收入假说认为，消费不仅与自己收入有关，而且与周围人的收入和消费有关。在消费方面，人们总是向别人看齐，一个家庭的消费水平取决于其收入与周围人收入的相对水平。如果某人的收入不变，而周围人的收入和消费同比例增加，则这个人的相对收入是下降的。**根据相对收入假说，这个人为了保持与周围人的相对地位，体面地生活着，将提高消费在收入中所占的比例。在他的绝对收入不变的情况下，储蓄将减少，我们称这种现象为“示范效应”。**

如果某人的收入与周围人的收入同比例增加，则他的相对收入并没有改变，其消费占收入的比例也不会发生变化，消费仅仅随着收入的增加而同比例增加。

相对收入不仅是与周围人的收入相比较，还包括与自己以前的收入相比较。**如果某人当期的收入高于以前的收入，则当期的消费水平取决于当期收入；如果他的当期收入低于以前的收入，为了维持消费水平，他会提高消费倾向，增加消费在收入中的比例。我们称这种现象为“棘轮效应”。**

第三节　国民收入决定

在这一节里，我们利用消费函数，从总供给等于总需求出发，来研究经济中均衡收入的决定问题。首先介绍简单的两部门经济的情况，然后逐渐深入，介绍三部门和四部门经济中均衡收入的决定。在分析经济均衡的过程中，始终贯穿两个基本前提：总供给等于总需求；储蓄等于投资。

一、两部门经济中国民收入的决定

在两部门经济中只包括家庭和企业，因此在总支出方面，只有家庭消费以及家庭和企业的投资，其中企业的投资包括存货投资。用公式表达如下：

$$AE=C+I$$

代入消费函数 $C=a+bY$，可进一步得到：

$$AE=a+bY+I=(a+I)+bY$$

如图 8—2 所示，总支出函数表现为一条向上倾斜的直线，截距为 $(a+I)$、斜率为 b。图中的 45°线是所有均衡点的组合，表示总收入等于总支出，总支出曲线与 45°线的交点就是经济中的均衡点，对应的总收入 Y^* 为经济中的均衡收入。

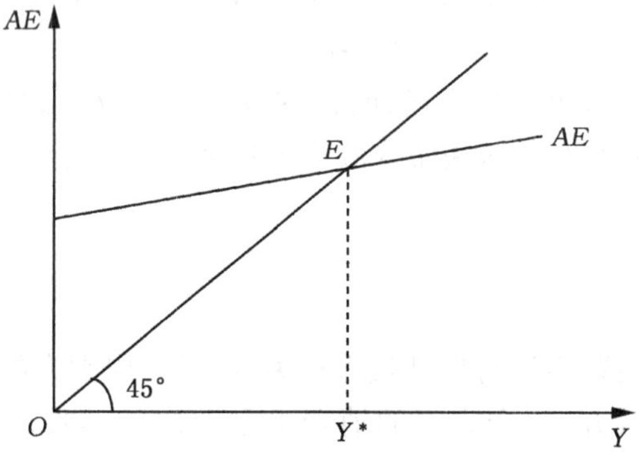

图 8—2　两部门经济中国民收入的决定

总支出曲线与 45°线的交点就是经济的均衡点，对应这一点的产出就是经济中的均衡产出，均衡收入是由总产出水平决定的。如果给出经济中的消费函数和投资支出，就可以算得均衡收入。

在两部门经济中，总收入一部分用来消费，另一部分用来储蓄；总供给可以用总收入表示，即 $Y=C+S$。两部门经济中的均衡条件表示为：

$$Y=C+I=C+S\text{（即 } I=S\text{）}$$

这表明只有储蓄等于投资，才能实现经济的均衡；如果储蓄大于投资，就意味着总收入大于总支出，处于需求不旺的状态，存货投资超过意愿投资水平；如果储蓄小于投资，意味着总收入小于总支出，出现需求过热的现象，存货投资低于意愿投资水平。

二、三部门经济中国民收入的决定

在讨论了两部门经济中国民收入的决定以后，进一步放宽条件，引入政府部门和对外经济部门，使我们的分析更加接近现实。

（一）政府行为对经济的影响

首先分析三部门经济中的情况，考察引入政府部门以后，会怎样影响总供给和总需求，从而影响均衡国民收入的问题。

政府的作用包括为经济发展创造条件，对社会财富进行再分配，以及保障社会公平等。当经济波动时，政府将运用各种政策进行调控，使经济回归到正常的发展轨道，实现经济增长、充分就业、低通货膨胀和国际收支平衡的目标。

政府部门主要对家庭和企业的收入征税，筹集资金以满足政府开支和社会发展的共同需要。税收具有强制性、无偿性和固定性的基本特征，从不同的角度可以对税收进行分类。在这里，我们把税收分为定量税和比例税两种。**定量税是指无论收入多少，税收总额不变，税收与收入没有关系；比例税是指按照收入的多少征税，税收总额占收入的一定比例**，这个比例就是税率，税率由政府部门决定。政府部门可以分别以定量税或比例税的方式征税，还可以采用定量税与比例税相结合的方式征税。政府部门征税会带来可支配收入的减少，进而降低总支出水平、收缩总需求。

政府的支出则会提高总需求的水平。其中，政府购买产品和劳务，直接促成总需求的增加；政府的转移支付，实际上是国民收入的再分配，把国民收入的一部分从边际消费倾向较低的富人手里，转移到边际消费倾向较高的穷人手里，增加他们的可支配收入，间接提高总需求水平。

（二）三部门经济中国民收入的决定

政府税收可以表示为 $T=T_0+TY$。其中，T_0 为常数，表示自发税收；T 为边际税率，是一个介于 0 与 1 之间的常数，表示收入每增加 1 单位，会有多少缴纳给政府。这个税收表达式可以理解为政府采取的是定量税和比例税相结合的征税方式；如果取 $T=0$，则可以理解为政府部门采取了定量税的征税方式；如果取 $T_0=0$，则可以理解为政府部门采取了比例税的征税方式。

对于家庭来说，一方面要向政府缴纳税收，另一方面可以获得政府的转移支付，可支配收入是从收入中减去税收 T，再加上转移支付 TR。

引入政府部门以后，对总支出有两方面的影响。首先，因为政府对家庭征税，造成家庭的边际消费倾向从 b 下降为 $b(1-T)$，而且自发消费减少为 $(A-bT_0)$，征税带来了总支出的下降；其次，政府购买支出 G 是总支出的一部分。与两部门经济相比较可以发现，由于政府部门的存在，总支出发生了很大变化。在总供给方面，收入除了消费和储蓄之外，还要向政府纳税。

三、四部门经济中国民收入的决定

世界各国的经济是通过国际贸易、国际资金流动紧密相连的,进出口是一国经济活动的重要组成部分,对一国的经济有着深远的影响。对于我国来说,在相当长的一段时期内,国内需求不旺,出口成为拉动经济增长的重要力量,因此考察对外经济部门的作用具有现实意义。

进口是本国对外国产品和劳务的需求,意味着本国收入的一部分将支付给外国。进口产品可能用来消费,也可能用来投资,如购买一瓶法国香水是消费行为,航空公司购买一架波音飞机是进行投资;进口也包括购买国外的劳务,如中国学生到英国去旅游,便是消费英国的旅游服务,这也属于进口。进口受到一系列因素的影响,包括本国的收入水平、消费习惯、经济结构等,其中收入水平是主要的影响因素。一般来说,收入越高,对进口的需求就会越大。

出口是外国对本国产品和劳务的需求,意味着本国收入有一部分来自国外。本国的出口便是外国的进口,主要由外国的收入水平、消费习惯、经济结构等因素决定,本国对出口的影响很小,从这个意义出发,我们在分析中可以把出口看作一个常量。当四部门经济中的总产出等于总支出时,宏观经济就达到了均衡。

练习题

一、名词解释

1. 宏观经济均衡
2. 总需求
3. 相对收入假说
4. 边际储蓄函数
5. 生命周期假说
6. 持久收入假说
7. 定量税
8. 平均储蓄倾向

二、单项选择题

1. 在两部门经济中,均衡发生于(　　)之时。

A. 实际储蓄等于实际投资

B. 实际的消费加实际的投资等于产出值

C. 计划储蓄等于计划投资

D. 总支出等于企业部门的收入

2. 从短期来说,当居民的可支配收入等于零时,消费支出可能(　　)。

A. 大于零　　　　B. 等于零

C. 小于零　　D. 以上几种情况都可能

3. 从长期来说，当居民的可支配收入等于零时，消费支出可能(　　)。

A. 大于零　　B. 小于零

C. 等于零　　D. 以上几种情况都有可能

4. 在短期内，居民的(　　)有可能大于可支配收入。

A. 储蓄　　B. 消费

C. 所得税　　D. 转移支付

5. 在两部门经济中，当投资增加 100 万元时，国民收入增加了 1 000 万元，那么此时的边际消费倾向为(　　)。

A. 100%　　B. 10%

C. 90%　　D. 20%

6. 如果边际消费倾向是 0.8，在没有所得税的情况下，转移支付乘数是(　　)。

A. 4　　B. 5

C. 6　　D. 8

7. 政府支出乘数(　　)。

A. 等于投资乘数　　B. 等于投资乘数的相反数

C. 比投资乘数小 1　　D. 等于转移支付乘数

8. 税收乘数和转移支付乘数的唯一区别是(　　)。

A. 税收乘数总比转移支付乘数小 1　　B. 前者为负，而后者为正

C. 两者互为相反数　　D. 后者为负，而前者为正

第九章
国际经济概述

随着各国对外开放程度的提高，世界经济全球化的趋势不可阻挡，国际商品交换和资金往来不断扩大和日益深化。因此，学习和掌握国际贸易、国际投资和国际金融等方面的基本理论，对扩大和深化我国的改革开放，就显得更加必要和重要了。

第一节　国际贸易

不同国家之间的商品交换称为国际贸易，它是各国经济联系最基本的形式和纽带，其他经济联系都是在此基础上产生和发展起来的。国际贸易理论也有一个从绝对优势理论向比较优势理论转化和提高的过程，并在实践中不断得到丰富和完善。

一、绝对优势理论

重商主义的贸易保护理论，从 16 世纪起就在西方社会备受推崇，直到 18 世纪英国开始产业革命，新兴的资产阶级迫切要求发展资本主义，而重商主义的极端保护主义阻碍对外贸易的扩大，使新兴资产阶级难以从海外获得廉价原料，其产品也难以打开海外市场。因此，冲破重商主义的思想束缚和现实障碍已不可避免。

亚当・斯密在 1776 年发表的《国富论》一书中，批判了重商主义，创立了自由放任的经济理论，并提出了自由贸易的绝对优势理论。

亚当・斯密认为，两国间的贸易基于各自在产品上的绝对优势。所谓绝对优势，是指一国相对另一国在某种商品的生产上有更高的效率，则称该国拥有这一产品的绝对优势，在这里劳动生产率起着决定性作用。

亚当・斯密非常重视分工，他认为分工可以提高劳动生产率，每个人都专门生产他最有优势的产品，然后彼此交换，对每个人都有利。他指出："如果一件东西在购买时所费的代价比在家中生产时所花费的小，就永远不会想要在家中生产，这是每一个精明的家长都知道的格言。裁缝不想制作他自己的鞋子，而是向鞋匠购买。鞋匠不想制作他自己的衣服，而雇裁缝裁制。农民不想缝衣，也不想制鞋，而宁愿雇用那些不同的工匠去做。他们都感到，为了他们自身的利益，应当把他们的全部精力集中使用到比邻人处于某种有利地位的方面，而以劳动生产物的一部分或同样的东西，即其一部分的价格，购买他们所需要的任何其他物品。"在亚当・斯密看来，适用于一国内部的分工原则，也适用于各国之间。

绝对优势理论认为，由于各国的自然禀赋和后天条件不同，有利的自然禀赋或后天条件，可以使一个国家生产某种产品的成本绝对低于别国，而在该产品的生产和交换上处于绝对有利的地位，这就为国际分工提供了基础。各国按照各自绝对有利的条件进行专业化生产，然后通过国际贸易，用这些商品去交换其所需要的其他商品。这样，各国资源都能被最有效地利用，商品产出将会增加，各国的福利也会提高。

二、比较优势理论

按照绝对优势理论，国际贸易只会发生于发达国家之间，而发达国家与欠发达国之间不会产生贸易。有的国家虽然没有一种产品处于绝对优势地位，但事实表明这个国家仍可进行国际贸易。因此，斯密的绝对优势理论不能解释国际贸易中的全部现象。

1817 年，大卫·李嘉图出版了《政治经济学及赋税原理》一书，其中提出了比较优势理论，从而解决了绝对优势理论与贸易现实相背离的问题。比较优势理论认为，各国不一定要专门生产劳动成本绝对低的产品，而只要专门生产劳动成本相对低的产品，便可进行对外贸易，并能从中获益。如果一个国家在两种商品的生产上都处于绝对劣势地位，但不利的程度不同，即具有比较优势，也可进行对外贸易。如果一国利用这种比较优势进行专业化生产，通过对外贸易，双方都能取得比自己所能生产得更多产品，从而实现社会劳动的节约，给贸易双方都带来利益。当然，当一国在两种产品生产上都处于绝对优势，且两者不利程度相同时，就不会发生对外贸易。

同样，两国获得分工利益的多少与两国的谈判能力及交易成本有关。在国际贸易分工中，虽然一个国家从整体上来看是获益了，但该国内部可能有的部门受损，而且由于旧的贸易秩序导致国与国之间的差距扩大。

三、世界贸易组织

世界贸易组织简称世贸组织(WTO)，它取代原关贸总协定，规定了成员方的协定义务，以决定各国政府如何制定和执行贸易的法律和规章，也是各成员方通过集体辩论、谈判和裁判，解决争端和发展贸易关系的场所。

世界贸易组织的宗旨和目标有：(1)确保充分就业，稳定地提高实际收入和有效需求。(2)拓展货物、服务的生产和贸易。(3)持久地开发和合理地利用世界资源，努力保护生态环境，并通过与各国经济发展相符合的方式来加强环境保护。(4)积极努力确保发展中国家，尤其是最不发达国家，在国际贸易中获得与其经济发展相应的份额和利益。

世界贸易组织的职能是：(1)促进世界贸易组织目标的实现，监督和管理各项协议的贯彻。(2)组织实施各项多边贸易，为世界贸易组织进行多边贸易谈判提供场所和框架草案。解决各成员国间发生的贸易争端，负责管理相关协议。(3)定期审议各成员国的贸易制度和相关的经济政策。(4)编写年度世界贸易报告，举办经济贸易研讨会。(5)协调与国际货币基金组织和世界银行等国际经济组织的关系，以保障全球经济决策的一致性，避免政策冲突。(6)向发展中国家和转型经济国家提供必要的技术援助。

世界贸易组织继承了关贸总协定的基本原则，即非歧视待遇、贸易自由化、关税保护措施、互利互惠关税递减、公平贸易、透明度等，并将其拓宽到服务贸易、投资措施、知识产权等新的领域。同时,也保持了关贸总协定的一些例外条款和保障措施。但世界贸易组织加强了保障措施的约束条件,并建立了保障措施委员会,以监督实施的公正性。贸易争端解决机制是世界贸易组织不可缺少的一部分,是多边贸易组织的支柱,在经济全球化中发挥着重要作用。争端解决机制体现了平等、迅速、有效、双方接受的宗旨。世界贸易组织建立以来,已经成功地解决了许多国际贸易争端,而且日益取得发展中国家的信赖。

除了提供争端解决机制外,世界贸易组织还是对成员国贸易政策进行定期审议的场所。审议的目的一是了解成员国遵守和实施多边协议的情况;二是增大透明度,更好地了解成员国的贸易政策及实施情况。

第二节 国际投资

国际投资是世界各国之间发生的投资行为,或者说是一国的个人、企业、政府对他国进行的跨国界投资。国际投资对世界经济的一体化和国际资源的优化配置,以及高效利用产生重大影响。

一、国际投资的分类

按照不同的标准,国际投资有不同的分类:

(一)按投资期限不同,可分为长期投资和短期投资

长期投资一般是指5年以上的投资;短期投资则是指5年以下的投资。

(二)按资本来源及用途不同,可分为公共投资和私人投资

公共投资通常是指由一国政府或国际组织为公共利益而做出的投资,这种投资带有一定的国际援助的性质。私人投资是指个人或企业以营利为目的的投资活动。

(三)按资本的特性不同,可分为国际直接投资和国际间接投资

国际直接投资是指一国的自然人、法人或其他经济组织单独或共同出资,在其他国家的境内创立新企业,或增加资本扩展原有企业,或收购现有企业,并且拥有控制权的投资行为。国际直接投资已不是单纯货币资本的转移,而是货币、技术、设备、经营管理知识和经验等资源的一揽子组合转移。按经营的关联性来看,分为横向投资、纵向投资和混合投资三种基本类型。按照投资的动机来看,分为资源导向型、市场导向型、劳动力导向型、知识导向型、风险分散型、出口带动型等多种具体形态。

国际间接投资是指以资本增值为目的、以取得利息或股息等为形式、以被投资国的证券为对象的跨国投资。国际间接投资者并不直接参与国外企业的经营管理活动,其投资活动主要通过国际资本市场进行。

小链接

(1)风险投资,又称创业投资,凡是以高科技与知识为基础,生产与经营技术密集型的创新产品或服务的投资,都可视为风险投资。它通过加速科技成果向生产力的转化推动高科技企业成长,并带动整个经济的蓬勃发展。风险投资在现代经济发展中起着举足轻重的作用,人们把它称为"经济增长的发动机"。

(2)BOT(Build-Operate-Transfer),意思是建设—经营—转让。最早产生于国际工程承包市场。BOT 的实质是一种债务与股权相混合的产权,它是由项目构成的有关单位组成的财团所成立的一个股份组织,对项目的设计、咨询、供货和施工实行一揽子总承包。项目竣工后,在特许权规定的期限内进行经营,向用户收取费用,以回收投资、偿还债务、赚取利润。特许权期满后,无偿将项目交给政府。BOT 方式承建的工程一般都是大型资本技术密集型项目,如交通、电力、通信、环保等。项目期限一般为 15～20 年。如今 BOT 投资方式被广泛应用于很多国家。

二、国际投资的规模

第二次世界大战后,国际投资规模增长较快,大致可分为三个时期:

(一)恢复增长期(第二次世界大战后至 1970 年)

这一时期,各主要西方国家的对外投资增长迅速,但规模有限,处于恢复期(见表 9－1)。

表 9－1　　第一阶段各主要西方国家对外投资累计额　　单位:亿美元

	美国	英国	法国	联邦德国	日本
20 世纪 60 年代末	662	220	115	31	5
20 世纪 70 年代末	1 486	490	200	190	36

20 世纪 60 年代后期,一些发展中国家和地区也开始发展对外投资。印度、韩国、中国香港、新加坡、巴西、墨西哥、阿根廷、中国台湾,以及一些中东国家和地区成为对外投资的新生力量。另外,苏联和东欧各国也开始发展对外投资。

(二)高速增长期(1971～1980 年)

这一时期,美国、英国、法国、联邦德国和日本在国际投资领域保持领先地位,美国仍然占据主导地位。在这一阶段,美国对外投资存量增长了近 4 倍。

日本在这一阶段国际投资规模迅速上升,日本对美国的直接投资占美国吸收外资的比例从 1960 年的 3.6%上升到 1980 年的 6.2%,并成为继美国、英国、联邦德国之后的第四大对外投资国。

发展中国家和地区的对外投资在这一时期也增长较快。新加坡、中国香港、韩国、菲律宾、阿根廷、巴西、墨西哥、委内瑞拉等国家和地区,成为发展中国家主要的对外投资国和地区。由于 20 世纪 70 年代两次石油提价,使得石油输出国出现巨额盈余。但这些国家吸引外资能力有限,于是大量资本外流,使得石油输出国在西方发达国家的存款达到 1 250 亿美元,对外直接投资与证券投资为 2 320 亿美元。

小链接

任何国家使用外资都是要还本付息的。为了保证外资利用国不致陷入债务危机,有必要考虑利用外资的安全规模。

目前国际上衡量一国利用外资规模是否安全,主要使用两项指标:一是债务率,即一国的债务余额与同期商品及劳务出口总额的比率;二是偿债率,即当年还本付息额占同期商品和劳务出口总额的比率。这两道安全线,也称“国际线”,只要债务率不高于100%,偿债率低于20%,一般不会发生债务危机。如果超过这两道警戒线,就可能发生债务危机。

(三)稳步增长期(1981 年至今)

这一时期,国际投资规模不断扩大,但增速放慢。各西方国家的对外投资,增长速度也不一致。对外投资起步早、基数大、经济发展慢的国家的增速下降较为明显。对外投资起步晚、基数小、经济发展快的国家的增长速度仍较高。美国成为世界上最大的债务国,而日本跃升为世界上最大的债权国。20 世纪 80 年代之后,西欧各国对外投资增长虽慢于日本,但远远高于美国。

发展中国家在这一时期的国际投资参与度不断提高。值得一提的是,中国作为最大的发展中国家,对外直接投资逐步增长。

三、国际直接投资与国际间接投资的区别

国际直接投资与间接投资的区别主要体现在有效控制权、资本的构成、风险程度和投资目标等方面。

(一)有效控制权

有效控制权是指投资者拥有企业一定数量的股份,因而能行使表决权,并在企业的经营决策和管理中享有发言权。国际直接投资以股权方式取得的对企业的控制权,有别于非股权参与的控制权。国际间接投资是在取得股份证明的情况下进行的投资,这种股份证明不构成企业经营管理的有效控制权。

(二)资本的构成

国际直接投资不仅包括货币形式的资本转移,还包括生产资本的物质形态转移(如机器、设备、原材料及劳动力的投入)和无形资产的输出(如商标、专利、专有技术和管理经验等);国际间接投资主要表现为货币资本由输出国流向输入国。

(三)风险程度

国际直接投资在承担经营风险的同时,还要承担政治等其他风险;国际间接投资所承担的风险相对较小,不直接承担经营风险。

(四)投资目标

国际间接投资的主要目标是获得股息和利息等收益,而国际直接投资的主要目标是获得经营收益和利润。

四、国际直接投资理论

第二次世界大战后,对外直接投资迅速发展,西方经济学界这方面的论述较多,这里简单介绍一些理论观点。

(一)海默的垄断优势理论

传统资本运行理论假定市场是完全竞争的,海默认为这一假定不符合实际,规模经济、政府干预和税收制度等引起的市场不完全竞争,导致市场机制不能充分发挥作用,而市场的不完全竞争是导致跨国公司对外直接投资的根本原因。美国跨国公司之所以能够跨越国界,到海外建立子公司,是由于它拥有某种垄断优势,因而能获得比国内市场高并超过东道国竞争者的收入。

海默还认为,跨国公司拥有如下垄断优势:技术优势、管理经验、资金实力、国际声望、销售系统和规模经济等,特别是来自内部和外部规模经济的优势。跨国公司利用国际专业化生产,避免了投资国和东道国对规模经济的限制,利用各国生产要素的差异,取得了内部规模经济的优势。跨国公司还利用纵向一体化取得外部规模经济,使之转化为公司内部的利润。其中最重要的是技术优势,与单纯的技术转让相比,跨国公司更倾向于技术的内部化使用,以保持其垄断地位。垄断优势的结论是,垄断与优势结合,是跨国公司从事对外直接投资的主要动机。

(二)边际产业扩张理论

20 世纪 70 年代中期之后,日本经济学界开始对海默的垄断优势论提出异议,认为其所涉及的跨国公司是美国型的,不具有普遍意义。从日本的情况来看,对外直接投资的主体是中小企业,所拥有的是易为发展中国家所接受的劳动密集型技术优势。

小岛清在 1977 年出版的专著《对外直接投资》中提出了边际产业扩张论。他认为,海默的垄断优势理论是从微观经济出发,强调厂商内部垄断优势对直接投资的影响,重视对海外投资企业进行微观分析和公司管理研究,而完全忽视了宏观经济因素的分析,尤其是忽略了国际分工原则的作用。小岛清认为,国际分工原则和比较成本原则是一致的,即国际分工既能解释国际贸易,也能解释对外直接投资。对外直接投资应从本国已经处于或即将处于比较劣势的产业依次进行。小岛清的“边际产业”所指的范围较广,包括“边际性产业”(即日本的劳动密集型产业)、“边际性企业”(即与大企业相比的中小企业)、“边际性部门”(即处于比较劣势的部门)。

(三)国际生产折衷理论

英国经济学家约翰·邓宁提出了对外直接投资理论——国际生产折衷理论。国际生产折衷理论既可对直接投资的决定因素做出解释,也可对各国在国际贸易、技术转让以及对外直接投资之间的选择做出解释。根据邓宁的国际生产折衷理论,跨国公司对外直接投资是由所有权优势、内部化优势以及区位优势三个基本因素决定的。

所有权优势,是指某企业拥有的其他企业所没有或无法获得的资产、技术、规模和市场等方面的优势,主要包括生产要素禀赋(自然资源、资金和技术以及劳动力)、生产工艺的技术密集程度、发明创造的能力、企业生产和市场的多样化等。内部化优势是指跨国公司将其所拥有的资产加以内部化使用而带来的优势。内部化的条件包括:(1)签订和执行合同需要的费用;(2)技术出售价值的不确定性;(3)需要控制产品的使用。如果以上条件存在,企业将通过内部市场使用其特有的优势,而不是向其他国外企业出售。因此,企业要想成为跨国公司,必须具有将其特有优势内部化的动力。国际生产折衷理论认为,决定对外直接投资的三个因素之间是紧密联系的。与外国企业相比,本国企业拥有的所有权优势越大,则资产内部化使用的可能性越大,从而在国外利用其资产比在国内更为有利,越有可能发展对外直接投资。如果本国企业在这三方面都处于劣势,则有可能吸引国外直接投资。一般来讲,如果企业仅拥有一定的所有权优势,则只能选择技术转让的形式参与国际经济活动;如果企业同时拥有所有权优势和内部化优势,则出口贸易是参与国际经济活动的一种较好形式;如果企业同时拥有所有权优势、内部化优势和区位优势,则发展对外直接投资是参与国际经济活动较好的形式,可以实现利润最大化。

(四)产品生命周期理论

美国哈佛大学教授弗农提出了国际直接投资理论——产品周期理论。弗农将产品生命周期划分为三个阶段:

第一阶段是产品创始阶段。在这一阶段,国内市场容量大、开发和研究资金多的国家在开发新产品、采用新技术方面居于优势地位。厂商垄断技术诀窍,将新发明的技术首次应用于生产,此时最有利、最安全的抉择是在国内生产,大部分产品供应国内市场,并通过出口贸易满足国际市场的需求。

第二阶段是产品成熟阶段。在这一阶段,新技术日趋成熟、产品基本定型;随着国际市场需求的日益扩大,产品的价格弹性加大,降低产品成本显得更为迫切。国内生产的边际成本如运输成本超过国外生产的成本,加之国内外劳动力成本的差异,使得生产基地由国内转移到国外更为有利。同时,由于该产品的出口急剧增加,厂商所拥有的垄断技术逐渐扩散到国外,仿制品也开始出现,由垄断技术带来的优势出现丧失的危险。为了避开贸易壁垒、接近消费市场和减少运输费用,厂商便要发展对外直接投资,在国外建立分公司,转让成熟技术。

第三阶段是产品标准化阶段。在这一阶段,产品和技术均已标准化,厂商所拥有的垄断技术优势已消失,竞争主要集中在价格上。生产的相对优势已转移到技术水平低、工资低和劳动密集型地区。在本国市场已趋于饱和、其他发达国家产品出口急剧增长的情况下,厂商在发展中国家进行直接投资,以及转让标准化技术。根据比较成本的原则,厂商大规模减少或停止在本国生产该产品,转为从国外进口。

五、国际间接投资理论

国际间接投资是以取得利息或股息为目的,以债券、股票等国际证券为主要内容,并通过金融市场进行的国际投资行为。

(一)费雪国际资本流动理论

20世纪初,美国经济学家欧文·费雪以李嘉图的比较利益论为基础,提出了费雪国际资本流动理论。该理论的假定条件是,国际资本市场是完全竞争的,资本的流入国、流出国都是利率的接受者,资本从拥有生产现时商品优势的国家流向拥有生产未来商品优势的国家。费雪首先从分析商品生产开始,他认为,一国的资本存量是既定的,既可以生产现时商品,也可以生产未来商品。费雪进一步探讨利率与国际资本流动的关系,他认为,利率的差异必然引起资本的国际流动,其结果必然使利率趋向平均化,因此利率的差异是国际资本流动的基本动因。

(二)曼德尔的国际货币资本投资理论

西方经济学家曼德尔继承了传统的国际货币资本投资理论,并进行了新的分析和阐述,提出了自己的国际投资理论。这一理论可以归纳为以下三个要点:

(1)在两国生产函数相同且实行国际贸易的条件下,不存在国际投资的动因。

(2)贸易障碍的出现,引发了资本在世界各国之间的移动。

(3)国际投资替代国际贸易的结果,不利于比较优势的获取,但却有利于生产要素的合理配置和充分利用。

由于贸易壁垒的设置,世界各国之间的进出口交易在减少,但国际投资却因此发展。国际投资在一定程度上替代了国际贸易,其结果是双重的:不利的一面是各国都增加了劣势产品,并减少了优势产品,这违反了获取比较优势的国际贸易规律,对各国都会造成利益上的损失;有利的一面是资本跨国流动使其得到更合理、充分的使用,资本输出国和输入国都会因此受益。

(三)麦克杜格尔国际资本流动理论

该理论从经济学的角度研究国际资本运动的有关效果。麦克杜格尔国际资本流动理论认为,资本在各国间自由流动之后,可使资本的边际生产力在国际上得到平均化,从而提高世界资源的利用效率,增加全世界的财富总量,提高各国的经济效益。

(四)托宾—马可维兹国际资本流动理论

托宾—马可维兹国际资本流动理论是西方经济学家托宾和马可维兹通过数学模型而建立的一种国际间接投资理论。其核心内容是,投资者为了降低投资风险,便要使国际证券投资分散化。如果两国的资产不完全相关,则两国的投资者可通过互换一定量的资产,使双方均减少投资风险。这就是资本从实际利率较高国家流向实际利率较低国家的原因。

六、跨国公司

企业通过对外直接投资实行跨国经营已是十分普遍的现象。跨国公司的活动涉及世界经济的所有领域,推动各国间生产要素的流动,从而把经济领域的国际化提高到前所未有的水平。

(一)跨国公司的定义

跨国公司又称多国公司,主要是指以母国为基地,通过对外直接投资,在其他国家和地区设立分支机构或子公司,从事国际化生产或经营的企业。

联合国跨国公司委员会规定,跨国公司应具备以下三个要素:第一,跨国公司必须是一个经营实体,母公司通过持股和其他方式,对在两个或两个以上国家内从事生产和销售的其他经营实体进行控制,也就是说,跨国公司必须是在母公司控制下的多国经营实体。第二,跨国公司必须有一个中央决策体系,有共同的政策和战略目标。第三,跨国公司的各个实体应分享资源、信息并分担责任。跨国公司由母公司与其在国外的分支机构一起构成。

(二)跨国公司的形成和发展

在国外设立企业,实行跨国经营,可以追溯到16世纪初。当时的跨国公司主营的业务是贸易,因为当时西方国家推行重商主义政策,欧洲皇室为了直接控制海外贸易,通过授权"特许状"建立了很多特许贸易公司,如东印度公司、东地中海公司、皇家非洲公司、哈德逊湾公司等。

19世纪50年代以后,随着工业的发展,出现了一些通过对外直接投资、与现代跨国公司比较接近的国际企业,其中最具有代表性的有:1850年,德国的西门子公司在英国生产电缆;1865年,德国的拜耳化学公司在美国纽约州的奥尔班尼开设一家制造苯胺的工厂;1866年,瑞典的诺贝尔公司在德国汉堡开设了一家炸药厂;1867年,美国的胜家缝纫机公司在英国的格拉斯哥设立缝纫机装配厂。继胜家以后,美国的国际收割机公司、通用电器公司、国民收银机公司先后在海外设厂。随着垄断企业生产能力的扩大和垄断程度的提高,国内投资的边际收益日趋减少,这就出现了过剩资本。出于对利润的追求,资本家开始逐渐把资本投向国外。19世纪末20世纪初,随着资本输出的增加,作为资本输出的重要工具,跨国公司也逐渐发展起来了。

第二次世界大战后,对外直接投资的迅猛增加促进了跨国公司的发展,根据联合国《1997年世界投资报告》,目前全球跨国公司总数已达4.4万余家,在160多个国家和地区建立了28万家子公司和分支机构。大部分跨国公司集中在发达国家(通过表9－2,可以了解世界最大100家跨国公司的国别结构),这些跨国公司控制了世界工业生产40%～60%的对外贸易。跨国公司的生产总值占全球各国国内生产总值的近三成,跨国公司内部和跨国公司之间的贸易各占世界贸易总额的1/3,全世界80%的民用研发活动是在跨国公司系统内进行的。规模庞大的跨国公司已成为影响国际贸易、国际金融和国际技术转移的重要力量。

表 9—2 世界最大 100 家跨国公司的国别结构

国家或地区	上榜公司家数			
	1990 年	1995 年	1999 年	2010 年
欧盟	48	45	46	44
美国	28	27	26	32
加拿大	2	3	20	0
日本	12	17	18	10
其他	10	8	8	14
上榜公司总计	100	100	100	100

小链接

第二次世界大战后,跨国公司迅速发展的原因:

(1)生产和资本集中,过剩资本增加。垄断企业垄断了国内市场以后,为了进一步扩大规模,就必须跨越相对狭小的国内市场,向国外扩张,在世界范围内寻找有利可图的投资市场。

(2)生产国际化和资本国际化。科技革命使生产力发展超越国界,生产活动本身的国际化也不断加深。

(3)第二次世界大战后的贸易保护主义促进了跨国公司的发展。跨国公司通过扩大对外直接投资,以就地生产、就地销售的方法避开该国的贸易壁垒,达到扩大市场份额、占领该国市场的目的。

(4)各国政府对跨国公司发展的大力扶持与鼓励。

(5)发展中国家为了吸引发达国家跨国公司的技术、资本和管理,对跨国公司采取了许多优惠的政策待遇。另一方面,发展中国家企业随着自身实力的增强和政府的直接支持,也出现了一些跨国公司。

(6)发达的现代交通运输和通信信息网络为跨国公司的迅速发展提供了物质条件。

第三节 汇率制度

汇率制度是指一国对本币与外币的比价所做出的安排与规定,安排的情况与规定的内容不同,就有不同的汇率制度。

一、固定汇率制度

固定汇率制度,就是两国货币比价基本固定,并把两国货币比价的波动幅度控制在一定的范围之内。第二次世界大战后的布雷顿森林体系实行金本位制。根据国际货币基金的规定,其会员国都要确定本国货币的金平价,两国货币金平价的对比是固定汇率的基础。对于这个比价随外汇市场供求波动的幅度有一定的规定。实际上,货币升贬值指的是法定升贬值,即政府对货币价值的调整。

各国为维持国际货币基金组织所规定的汇率波动幅度,通常采取以下措施:

(1)调整贴现率。贴现率是利息率的一种,它是各国中央银行用以调节经济与汇价的一种手段。通过调整贴现率,可以减少汇率的波动。

(2)动用黄金储备。一国的黄金储备不仅可以作为国际交往中的周转资金,而且也是维持该国汇率稳定的后备力量。

(3)外汇管制。一国外汇储备的规模有限,遇到本币汇率剧烈下跌,就无力大量投放外汇以买进本币,因此,还会借助于管制手段,直接限制部分外汇支出。

(4)举借外债或签订互换货币协定。哪种外币在本国市场短缺,则向短缺货币国家借用,投放市场以平抑汇率。

(5)实行货币公开贬值。如果一国国际收支逆差严重,对外汇需求数额甚巨,就常常实行公开贬值,降低本国金平价,提高外币价格;在新的金平价对比的基础上,减少外汇需求,增加出口收入,追求新的汇率稳定。

固定汇率为国际贸易与投资提供了较为稳定的环境,减少了汇率的风险,便于进出口成本核算以及国际投资项目的利润评估,有利于对外贸易和投资的发展。

但当汇率水平不合理时,固定汇率制度易于招致国际游资的冲击,使一国国际收支恶化,一旦国际游资突然从该国转移,该国为了维持汇率的稳定,只得抛售外汇或黄金,从而引起黄金的大量流失和外汇储备的急剧缩减。因此,固定汇率制度必须与相应的外汇管理制度相配合,即资本项目不能自由兑换。如果一国的外汇是自由放任的,那么固定汇率的维持成本会很高,并且很难固定。如果维持固定汇率,则会累积风险,并在短时间内爆发。一国潜在的经济风险会通过汇率风险表现出来,最终形成货币危机、金融危机、经济危机。

小链接

1997 年亚洲金融危机时,泰铢之所以遭到巨大冲击,是因为泰国汇率政策的错误所致。错误一,泰铢选择盯住美元。虽然美元起到了“锚货币”的作用,但由于两国经济周期不同,必将导致汇率水平的不合理。错误二,泰铢在资本项下可自由兑换。由于泰国在经常项下出现逆差,货币当局通过提高利率,意图利用资本项来平衡经常项。这就使得泰铢的收益率大于美元,国际“热线”进行大量套利活动,从而导致货币危机的发生。

二、浮动汇率制度

浮动汇率制度,即对本国货币与外国货币的比价不加以固定,也不规定汇率波动的界限,而听任外汇市场根据供求变化自发决定本币对外币的汇率。

按政府是否干预外汇市场,分为清洁浮动与肮脏浮动:(1)清洁浮动又称自由浮动,即政府实行完全不干涉外汇市场的汇率制度。这是纯理论的描述,事实上并不存在。(2)肮脏浮动又称管理浮动,即政府不时地干涉外汇市场,使本币汇率的升降朝着有利于本国的方向发展。

按浮动汇率制的国家是否组成国家集团这一角度，分为单独浮动与联合浮动：(1)单独浮动是指一国不与其他国家组成集团，而单独实行浮动汇率制。(2)联合浮动是指某些国家组成集团来实行浮动汇率制。当某成员国的货币受到冲击时，其他国家采取一致行动干预市场，以维持国与国之间的固定汇率，但对其他货币的汇率则实行共同浮动。

第四节 国际收支

在浮动汇率制度下，由于货币当局没有维持货币固定比价的义务，货币汇率是随外汇市场上的供求关系而自动涨落的，货币当局无须动用大量外汇平准汇率，因此该国的外汇储备不至于急剧流失。

但在浮动汇率制度下，汇率容易频繁地波动，增加了国际贸易的风险，使进出口的成本加重或不易核算，影响对外贸易的开展。

小链接

《牙买加体系》承认了浮动汇率的合法化，但多年来的实践表明，完全自由的汇率浮动也会带来不少问题：第一，增加了国际贸易和对外投资的不确定性；第二，各国经常项目收支对汇率变动的反应迟缓，对国际收支的调节作用不大；第三，基金组织对国际储备的控制削弱，主要硬通货国家的通货膨胀易传导到他国。

因此，许多国家采取各类措施稳定汇率，从而形成了所谓的管理浮动。20世纪80年代中期以来，西方主要国家联合干预国际金融市场，抑制汇率的过度波动，收到了一定的效果。但由于难以辨别汇率变动的真正原因，有时干预所引起的汇率波动会妨碍正常的经济发展；而各国又免不了以一己之私利，改变干预的初衷。

一、汇率变动对国际收支的影响

汇率变动对国际收支的影响，主要表现在贸易收支、非贸易收支、国际资本流动三个方面。

(一)对贸易收支的影响

一般认为，本币汇率下跌有利于扩大出口、限制进口、促进贸易收支的改善；本币汇率上升则有利于扩大进口、限制出口，从而使贸易收支恶化。但一国货币贬值能否改善国际收支，关键取决于进出口商品的需求弹性和供给弹性。一般来说，进出口商品需求弹性越大，货币贬值对国际收支调节的效果越好，外汇市场也就越稳定。当需求弹性无穷大时，一国的货币贬值最有可能使贸易逆差转变为顺差；相反，当需求弹性等于零时，货币贬值将导致贸易收支进一步恶化。这里有一个“马歇尔—勒纳条件”：$|d_x+d_m|>1$ 式中，d_x 表示出口商品的需求弹性，d_m 表示进口商品的需求弹性。只有当一国进口需求的价格弹性和出口需求的价格弹性之和的绝对值大于1时，其货币的贬值才能有效地改善国际收支。

(二)对非贸易收支的影响

当本币贬值、外币汇率上升时,外国货币的购买力相对提高,本国的商品、劳务、交通、旅游和住宿等费用就变得相对便宜,这对外国游客无疑增加了吸引力,对其他无形贸易收入的影响也大致如此。本币升值后的情况则相反。

(三)对国际资本流动的影响

本币升值,本币的购买力增强,会刺激本国资本扩大对外投资,而对外资流入则会产生阻碍作用。本币贬值对资本流动的影响,取决于人们对该国货币变动趋势的预期。如果贬值后,人们认为贬值的幅度还不够,人们预期汇率将进一步贬值,为避免再遭损失,就会继续抛售本币、购买外币,汇率的继续贬值将不可避免;如果人们认为贬值使得本国货币汇率已处于均衡水平,那么原先因本币定值过高而外逃的资金就会流回国内。

二、国际收支及其调整

国际收支失衡的调节包括两个方面:市场机制对国际收支的自动调节,政府采取的政策引导和调节措施。

(一)国际收支的自动调节

国际收支的自动调节是指在政府没有干预的情况下,由市场机制对国际收支自行调节。通常国际收支的失衡会引起汇率、物价、国民收入、利率的变化,而后者的变化又会改变国际收支的失衡状态。

1. 国际收支与汇率变动

当国际收支发生逆差时,外汇需求增加,本币贬值。在经常性项目下,出口商品的竞争力加强,国际收支改善;在资本项目下,会使外国金融资产的价格相对提高,从而对本国金融资产的需求上升,国际收支因此得到改善。反之,当国际收支发生顺差、本币升值时,会导致收支恶化。

2. 国际收支与物价变化

当一国出现国际收支逆差时,意味着对外支出大于收入、货币外流、物价下降;同时,该国的货币会贬值,即汇率上升,由此引起出口商品价格相对下降,进口商品价格相对上升,从而使出口增加、进口减少、贸易收支得到改善;反之,则相反。

3. 国际收支与国民收入

当一国国际收支发生逆差时,表明国民收入下降,在进口边际倾向不变的条件下导致进口需求下降,从而贸易收支得到改善。在资本项下,国民收入下降不仅能改善贸易收支,而且能改善经常项目收支和资本项目收支。因为国民收入下降会使对外劳务和金融资产的需求有所下降,从而使国际收支得到改善。

4. 国际收支与利率变化

一国的国际收支出现顺差,表明该国银行所持有的外币存款和其他外国资产增多、负债减少,因此产生银行信用膨胀,国内金融市场银根趋于松动,利率下降,引起本国资本外流,同时也阻止外国资本内流，于是国际收支的顺差减少；相反，一国的国际收支出现逆差，该国银行持有的外国货币和其他外国资产减少，而负债增多，于是该国信用紧缩，银根趋紧，利率上升，本国资本不再外流，同时外国资本流入，使逆差减少。

小链接

以上这些调节是一种基于内生因素的自动调节，它的成立必须具备一系列条件：(1)只有在进口商品需求价格弹性较大时，才能发挥作用。(2)由物价变动导致商品进出口的变化，其前提条件是物价的弹性较大。(3)对利率升降有较敏感的反应。对利率变动反应的敏感程度与一个国家金融市场业务的发展情况有关。(4)这种自动调节必须在国家财政金融政策不过分干预的情况下才能发挥作用。

(二)国际收支调节的政策引导

国际收支的自动调节要以一定的经济条件为基础，并且需要很长的时滞，因此各国必须利用政策措施来调节国际收支。

1. 外汇缓冲政策

外汇缓冲政策是指政府通过官方储备或短期的对外借款来干预外汇市场、调节国际收支的措施。当国际收支出现逆差、外汇需求大于供给、汇率面临下跌压力时，政府可以通过出售外汇来维持市场的平衡；反之，当出现顺差、外汇供大于求、本币有升值压力时，政府就以低价收购外汇，以保持汇率稳定。政府也可以用对外借款来调节国际收支逆差，这样就能避免因外汇市场波动给国民经济带来的冲击。应对暂时的国际收支失衡，对外借款的偿还时间短，利息负担不会很大。

小链接

为了维持世界经济的正常秩序，各国政府加强了对国际收支调节政策的国际协调。

(1)建立国际组织或通过国际协定向逆差国提供资金融通，以缓解国际清偿力不足的问题。例如，国际货币基金组织向成员国发放多种债款用于解决暂时性国际收支困难，并创设特别提款权用于补充成员国的国际储备资产。借款总安排和互换货币协定要求有关成员国承诺提供一笔资金，由逆差国在一定条件下动用，以缓和国际收支逆差问题和稳定汇率。

(2)建立区域的一体化集团，以促进经济一体化和国际收支调节。当前区域性世界经济中的区域性一体化集团主要有优惠汇率安排、自由贸易区、关税同盟、共同市场和经济共同体等类型，其中最为成功的是欧洲经济区。

(3)建立原料输出国组织，以改善原料输出国的国际收支状况。为了反抗原料消费国垄断集团对原料价格的操纵，以发展中国家为主的原料出口国建立了许多输出国组织，如OPEC、铜矿业出口政府联合委员会、可可生产者联盟等。

(4)通过各种国际会议协调多种经济政策，以提高经济政策特别是国际收支平衡政策的效力。各国领导人通过国际会议进行政策协调，可以提高政策的效力。例如，西方七国首脑定期举行高级会议，对财政、货币、汇率等多种政策进行协调。

2. 需求管理政策

需求管理政策又称改变支出政策,即运用财政政策和货币政策来改变国内总需求、校正国际收支失衡的措施。

在**财政政策**方面,当一国出现国际收支顺差时,政府可以通过扩张性财政政策促使国际收支平衡。减税或增加政府支出会通过税收乘数或政府支出乘数成倍地提高国民收入,从而使进口相应增加。同时,物价水平上升,刺激进口、抑制出口。当一国出现国际收支逆差时,政府可以通过紧缩性财政政策促使国际收支平衡。

在**货币政策**方面,货币当局紧缩银根,就会引起利率上升。一方面,利率提高会降低企业的投资意愿,增强消费者的储蓄倾向,从而降低国内总需求,导致进口规模缩小;另一方面,利率变动对短期资本流动有更加敏感的影响。通过调节利率,不但效果明显,而且成本较低。

另外,应当指出,为解决国际收支失衡问题而采取的财政政策和货币政策可能同国内经济目标发生冲突。

3. 直接管制政策

直接管制政策是指政府直接干预对外经济活动,以实现国际收支平衡的措施。直接管制是政府调节国际收支的基本手段,可以分为外汇管制、财政管制和贸易管制。

外汇管制是指政府机构对外汇买卖和国际结算加以行政干预的措施。各国常用的管制手段包括限制私人持有外汇、限制私人购买外汇、限制资本输入、限制资本输出、实行复汇率制、禁止黄金输出和限制个人携带本币进出的数量等。

财政管制是指政府通过管制进出口商品的价格和成本,从而调节国际收支的政策手段,财政管制机构包括财政部、海关、金融机构等。常用的财政管制手段包括进口关税政策、出口补贴政策、出口信贷政策等。

贸易管制是指政府直接限制进出口数量的政策。政府可以通过加强贸易管制缓和国际收支逆差。常用的贸易管制手段有进口配额制、进口许可证制、进口技术标准、歧视性采购政策、歧视性税收政策、国家垄断外贸业务等。

直接管制在政策调节方面具有明显的优点:(1)见效快,通过的中间环节少;(2)对市场机制依赖程度较低;(3)可控性强;(4)对国内经济的影响面较小;(5)政府对经济的调节深入到微观层面,可以克服财政政策和货币政策等宏观调控手段的局限性。

直接管制也表现出一些弊端:(1)容易遭受对方的报复,可能给国际贸易和国际金融带来消极影响;(2)要消耗一定的行政管理费用和信息成本;(3)可能扭曲市场价格信号,使该国资源配置不够合理;(4)在一定程度上限制了竞争;(5)可能引起寻租行为;(6)公众承担的福利损失相当高。

4. 汇率调整政策

汇率调整政策是指一国通过调整本币汇率来实现国际收支平衡的措施。政府改变法定的汇率以后,在其他条件不变的情况下,国内产品与进口产品的市场价格会发生变动,由此会导致社会需求的变动。当一国发生国际收支逆差后,政府实行货币贬值的措施,可以增强出口商品的竞争力,并削弱进口商品的竞争力,这时本国居民会从外国商品转向本国商品,其他国家也会增加对本国商品的消费,从而改善该国的贸易收支。同样,当一国长期存在国际收支顺差时，政府可以用货币升值的方法，来促使国际收支平衡。

小链接

1949年至今，我国人民币汇率经历了由官定汇率到市场决定、从固定汇率到有管理的浮动汇率的演变。

1. 计划经济时期的人民币汇制度(1949～1978年)

1949年1月8日，中国人民银行开始在天津公布人民币汇率。以后，上海、广州在中央统一管理下以天津汇率为标准，根据当地物价状况，公布各自的汇率。计划经济时期人民币汇率在一个较长的历史时期内实行固定汇率安排，一直盯住一篮子货币。

2. 转型经济时期的人民币汇率制度(1979～1993年)

(1)实行贸易内部结算价和对外公布汇率的双重汇率制度。1981～1984年，人民币官方汇率实行了贸易内部结算价和非贸易公开牌价的双重汇率制度。1985年1月1日取消内部结算价，重新实行单一汇率，汇率为1美元折合2.8元人民币。这是人民币汇率的第一次并轨。

(2)根据内外物价变化调整官方汇率。1985～1990年，我国根据国内物价的变化，多次调整汇率至1990年11月17日的1美元折合5.22元人民币。

(3)实行官方汇率和外汇调剂市场汇率并存的汇率制度。1980年起，全国各地开始陆续实行外汇调剂制度，设立外汇调剂中心，开办外汇调剂公开市场业务，形成了官方汇率和调剂市场汇率并存的局面。从1991年4月9日起，我国实行汇率有管理的浮动，1993年年底调至1美元折合5.8元人民币。

3. 社会主义市场经济时期的人民币汇率制度(1994年至今)

(1)1994年1月1日，人民币官方汇率与(外汇调剂)市场汇率并轨，实行银行结售汇制，建立全国统一的银行间外汇市场，实行以市场供求为基础的单一汇率。这是人民币汇率的第二次并轨。

(2)1997年，东南亚爆发金融风暴，中国为维护地区经济与金融稳定，以大国负责的姿态，保持人民币汇率坚挺，从而也使中国的汇率实质上形成盯住美元的固定汇率，人民币汇率至1美元折合8.7元人民币。

(3)2005年7月21日，央行发布公告完善人民币汇率形成机制改革。经国务院批准，自2005年7月21日起，我国开始实行以市场供求为基础、参考一篮子货币进行调节、有管理的浮动汇率制度。人民币汇率不再盯住单一美元，形成更富弹性的人民币汇率机制。至此，人民币汇率形成稳中有升的态势。2013年，人民币汇率更是节节攀升、屡创新高，至11月20日已达到1美元折合6.093 4元人民币。

(4)中国人民银行决定自2014年3月17日起，银行间即期外汇市场人民币兑美元交易价浮动幅度由1%扩大至2%。外汇指定银行为客户提供当日美元最高现汇卖出价与最低现汇买入价之差不得超过当日汇率中间价的幅度由2%扩大至3%。

(5)2015年8月11日，中国人民银行完善人民币兑美元汇率的中间价报价，并在下一步的汇改中提出加快外汇市场发展、丰富外汇产品、推动外汇市场对外开放、延长外汇交易时间、引入合格境外主体等措施，促进形成境内外一致的人民币汇率。

随着改革开放的深入,我国汇率的市场化程度在逐步提高,外汇市场日趋完善。

练习题

一、名词解释

1. 比较优势理论
2. 有效控制权
3. 垄断优势理论
4. 边际产业扩张理论
5. 跨国公司
6. 直接管制政策
7. 汇率
8. 浮动汇率政策

二、简答题

1. 简述跨国公司的转移定价与作用。
2. 简述当代国际贸易的特点。
3. 简述国际货币调节政策。

第四篇

政府的经济调控

第十章

政府的微观经济政策

福利经济学提出的关于市场机制能够实现资源有效配置的原理,是以一系列假设的前提为条件的,其中包括:(1)信息完全和信息对称;(2)存在完全竞争的市场;(3)生产和消费不受外部经济的影响;(4)交易费用可以忽略不计;(5)所有经济人是完全理性的。显然,上述的前提条件在现实中难以具备,因此会出现“市场失灵”(market failure)。在市场失灵的情况下,就不可能达到资源的最优配置,这时就需要通过政府的干预来解决。在现代社会中,政府是社会公共利益的代表,可以通过制定和贯彻相应的政策来克服“市场失灵”所造成的困难和曲折。

小链接

中国古代有所谓“金玉其外,败絮其中”的故事,讲的是商人卖的货物表里不一,由此引申比喻某些人徒有其表。在商品中,有一大类商品是内外有别的,而且商品的内容很难在购买时加以检验,如瓶装的酒类、盒装的香烟、录音、录像带等。人们或者看不到商品包装内部的样子(如香烟、鸡蛋等),或者看得到却无法用眼睛辨别产品质量的好坏(如录音、录像带)。显然,对于这类产品,买者和卖者了解的信息是不一样的。卖者比买者更清楚产品实际的质量情况。这时卖者很容易依仗买者对产品内部情况的不了解欺骗买者。如此看来,消费者的地位相当脆弱,对于掌握了“信息不对称”武器的骗子似乎毫无招架之术。

由于信息不对称,价格对经济的调节就会失灵,而市场自身无法有效解决,因此政府的作用相当重要。政府在调节信息不对称、道德风险、分配不公等领域都扮演着重要的监管者角色。

第一节 信息不对称的市场

理论分析表明,只有完全竞争市场才能实现资源的最优配置,而实现资源最优配置的前提则是信息充分。事实上,信息充分是难以做到的,而信息不完全、信息不对称的现象则是普遍存在的。那么,造成信息不充分的原因是什么?信息不对称对经济活动会产生什么影响?这是下面要分析的主要问题。

一、信息不对称的市场

信息不完全(incomplete information)是指在市场中每个经济主体不能获得所需要的全部信息。信息不完全，或者是因为人们取得信息的能力有限，或者是因为获取信息的成本太高(与掌握此信息能够带来的收益相比较)，使人们不得不放弃一些获取信息的努力。在信息不完全的市场中，价格不能灵敏地反映供求状况，价格机制难以充分发挥其协调供求和优化资源配置的功能。

信息不对称是信息不完全的一种表现。**信息不对称(asymmetric information)是指在紧密联系的经济主体之间所产生的信息不平衡、不对等的状态。**也就是说，有些人因某些特殊原因使其拥有的信息，可以比另一些人更多、更充分，因而能在竞争中取得更大的优势。在劳动分工不充分和专业化程度较低的经济阶段，经济主体之间的信息差别不大，导致的利益差距也相当有限。随着劳动分工的发展和专业化程度的提高，各经济主体之间的信息差别会越来越大，信息分布也越来越不均衡，由此导致的生产能力和经济利益的差别也越来越大。因此，人们对信息不对称及其市场的研究也就越来越多。

事实上，市场上所有的经济主体都不可能取得完全信息，因此在紧密联系的两个主体之间，其中一个比另一个拥有更多信息是普遍的经济现象。大多数经济学教材，都根据信息不对称发生的时间不同，将其分为事前不对称和事后不对称两种。发生在事前的信息不对称，会造成经济当事人的“逆向选择”；发生在事后的信息不对称，容易引发“道德风险”和产生“委托—代理”问题。一般来讲，“逆向选择”主要通过政府干预和市场信号传递来解决，“道德风险”和“委托—代理”问题主要通过制度变革和机制完善来解决。

二、逆向选择

逆向选择(adverse selection)是指交易的一方由于能够拥有比另一方更多的商品信息，因此可以获得更多利益，所以希望与对方签订合同，进行交易的选择行为，是信息不对称所造成市场资源配置扭曲的现象。这里我们以旧房交易为例来说明这一问题。一般来讲，旧房的所有者对自己房屋的质量和缺陷比较了解，而购买者只能了解房屋的外形和表面状况。因此，在实际交易时，购买者常常会因这种信息的不对称而吃亏。购买者为了避免这类损失，就会把购买价格压得很低，结果使质量较好的二手房也难以进入市场和实现交易。这类由于信息不对称而造成的逆向选择，不仅可以出现在卖方，也可以出现在买方。例如，身体欠佳、经常生病、医药费开支大的人更愿意购买医疗保险；居住环境差、失窃率高、财产不安全的居民更愿意购买财产保险；从事危险性大、安全系数低的在职人员更愿意购买人身意外保险；等等。这样就会造成保险公司承担的风险显著提高，甚至可能出现无力赔付的状况。因此，保险公司为了避免此类风险，不得不提高投保者的保费，其结果是保险市场的进一步萎缩。

由于逆向选择的存在，影响和破坏了市场交易的正常进行，使市场价格不能正确地反映供求关系，价格机制不能充分发挥其在资源配置中的积极作用，最终导致社会资源的浪费和低效利用。

小链接

二手房市场尽管也存在一定的信息不对称，但买者对房子的结构、房型、房龄、面积、周边的配套设施等影响住房需求的重要因素基本可以掌握，再加上政府的合理引导和规范，上海二手房市场有了较快的发展，为上海房地产市场的繁荣做出了一定的贡献。其实，对于中国而言，二手商品市场的建立对于扩大内需、促进经济发展是十分有效的措施。遗憾的是，其他二手商品市场只在很小的范围内存在，其规模、作用十分有限。造成这一问题的原因是因为在其他商品市场上，信息严重不对称产生的逆向选择问题。

逆向选择源自市场信息的事前不对称，因此解决逆向选择问题实际上也就是要解决市场信息的事前不对称问题，或者说，是要使得市场信息由不对称趋向于基本对称。这里，市场信息及其显示、甄别被认为是有效的手段。例如，某厂商为了使消费者相信其商品质量而给消费者"三包"、无条件退货的承诺，商场为了让消费者相信其不卖假货做出"假一罚十"的承诺，权威机构提供的证书，劳动者的受教育程度及学历证明等都是有效的市场信号，能在一定程度上避免逆向选择的产生。

三、道德风险与委托—代理问题

道德风险(moral hazard)又称败德行为，是指交易双方在签订交易契约之后，占据信息优势的一方在使自身利益最大化的同时损害了另一方的利益，却并不承担由此造成的后果的行为，也可定义为，人们享有自己行为的收益，而将成本转嫁给别人，从而造成他人损失的可能性。道德风险的产生在于交易契约给交易双方建立起了一种关系，在这种关系中处于信息劣势的一方无法观察到信息优势一方的行为，最多只观察到产生的不利后果，而且无法确定这种不利后果是否与信息优势一方有关，因此只能成为这种败德行为的受害者。

"道德风险"这个概念源自保险市场。道德风险的存在，不仅会使处于信息劣势一方遭受损失，而且会带来其他一些不利影响，如使市场上的道德规则遭到践踏、破坏原有的市场均衡、导致社会资源配置的低效率等。以汽车防盗保险为例。在汽车没有上保险之前，车主会采取一些预防措施尽力来确保汽车的安全，而一旦保险公司对他的汽车进行全额保险，他就不会像以前那样积极防止自己的汽车被盗。于是，汽车被盗案会增多。由于信息不对称又使保险公司无法确认车主应否承担责任，导致保险公司支付比原来多得多的赔偿费用。保险市场中存在的道德风险与保险公司提供的全额保险有关，保险公司如果改变让自身承担全部风险的做法，让投保人也来承担部分风险，其结果将会好些，这就是风险分担(risk sharing)。实施的做法是向投保人提供非全额保险，投保人造成的损失只按照一定比例赔偿，并要小于不发生损失时的财产额，这样就能使车主约束自己的行动，减少道德风险的发生。

美国储蓄和贷款行业的危机是最著名的道德风险案例。在1934年的大萧条时期，美国政府建立了一种广泛的金融保险体制。联邦存款保险公司为商业银行的存款提供保险，联邦储蓄与贷款保险公司也对信誉和放贷的存款提供同样的服务(每个户头高达10万美元)。这些保险计划在部分储户中埋下了道德风险的"种子"，因为有了这样的保险项目，一个储户可以把钱借给任何一个金融机构,无论金融机构贷款的风险有多大。

后来,储户的道德风险带来了存贷业所有者的道德风险。从 1982 年开始,该金融服务的从业者发现,他们能吸引到大量政府承保过的资金和投资,这些资金完全没有高冒险性的投资限制。由于所吸引的存款是保过险的,因此他们很少有估计投资风险的激励和动机。实质上,存款保险使存贷业者比任何时候都乐于提供高比例的风险贷款。这种由道德风险导致的缺乏投资风险评估的激励,引致了夕阳业和能源生产部门固定资产的突增,后来这些突增的固定资产的大幅贬值导致许多存贷业者的投资失败。

委托—代理问题(principal-agent problem)是指由于信息不对称,处于信息劣势的委托人难以观察、知道代理人的全部和真实行为,代理人为了追求自己的利益而实施违背委托人利益的行为,实际上是一种道德风险的表现。产生委托—代理问题的条件有三个:(1)委托人与代理人追求的目标不一致,这些不一致可能导致代理人用个人目标代替委托人的目标,做出对自己有利但有损于委托人的事情来。(2)委托人与代理人之间的信息不对称。代理人利用这种信息优势来追求个人目标的实现。(3)代理人的业绩不仅取决于其活动和努力程度,还取决于其他不可预测、不可抗拒的因素,因此委托人很难根据结果去认定代理人的责任。

由于委托人不可能监督代理人的一切行为,经济中许多不确定因素是客观存在的,因此委托人应该想办法使代理人的目标与自己的目标趋向一致或偏差不致太大。这样,代理人才会把委托人的目标当作自己的目标去努力,不会做出违背或太违背委托人利益的事情来。从委托人与代理人目标趋于一致的角度去解决委托—代理问题,就涉及有效的激励机制的设计和形成。委托—代理问题是现代企业普遍面临的问题,这里不详细展开。

由信息不对称而产生的逆向选择和道德风险,在经济生活中经常出现并阻碍市场对资源的配置。信息不完全使市场失灵,降低市场经济的运行效率。为了克服信息不完全造成的种种问题,政府要制定和执行一系列法规,以惩罚那些信用缺失的欺诈行为。例如,有关保护消费者权利的法规、有关广告的法规、有关上市公司信息发布的法规、有关保险的法规、有关劳动合同的法规等,都对解决信息不对称问题、维护市场经济秩序,有着不可或缺的重要作用。

小链接

无论是发展中国家还是发达国家,经济中信息不对称问题都是客观存在的。在我国,银行与中小企业之间的信息不对称问题尤其突出。由于信息扭曲失真,银行要想准确掌握中小企业的经营能力、市场风险、信用状况,需要付出较高的信息搜寻成本,这就会提高中小企业的融资成本;而中小企业在高融资成本的压力下,可能会采取逃废债务的行为,这又将加大银行的贷款风险。出于风险和收益的考虑,银行往往会对中小企业的贷款实行信贷配给的政策,一部分中小企业的贷款需求将得不到满足。借款人与放款人之间的非对称信息造成逆向选择和道德风险问题,使贷款价格或利率无法发挥市场调节功能,这样银行往往会采取信贷配给政策。非对称信息问题在一个信贷市场越严重,配给行为发生的可能性就越大。当银行不能准确判断借款人的投资风险时,提高利率将可能使低风险的借款人退出市场(逆向选择行为),或者使借款人选择更高风险的项目(道德风险行为),从而使银行放款的平均风险上升。而那些愿意支付较高利息的借款人，正是那些预期还款可能性低的借款人。结果，利率的提高可能降低而不是增加银行的预期收益，银行宁愿选择在相对低的利率水平上拒绝一部分贷款要求，而不愿意在高利率水平上满足所有借款人的申请。这样，一部分潜在的借款人将得不到贷款，信贷配给就出现了。

第二节　垄断和反垄断政策

垄断是市场经济发展的必然产物，反垄断政策是政府干涉经济、保证市场经济健康发展、维护非垄断经济利益的重要途径和方法。因此，垄断和反垄断的斗争，将贯穿市场经济发展的全过程。

一、垄断与效率损失

在竞争性行业，垄断通常会降低效率，原因如下：

首先，与竞争性厂商相比，垄断厂商的产量低而且价格高，垄断厂商通过限制产量抬高价格的方式榨取高额利润，消费者因此受到了损失。

其次，在竞争市场上，垄断厂商可以依仗其垄断地位保持高额利润，从而使改进技术和加强管理的动力大大降低。

再次，有些企业垄断权力的取得，往往靠政府部门赋予的特权，因此一些厂商为维持自己的垄断地位，常常采取寻租行为，不仅破坏了公平竞争，干扰了市场秩序，还使许多经济资源浪费在非生产性活动上。

二、自然垄断

有些行业具有这样的特点：企业的规模经济需要一个很大的产量和巨大的资本才能实现，以至于整个行业的产量只由一家或几家企业来生产。而且只要发挥这一企业的生产能力，就可以满足整个市场对该种产品的需求。在这类产品的生产中，行业内总会有某个或少数几家厂商凭借雄厚的经济实力和其他优势，最先达到这一生产规模，从而垄断整个行业的生产和销售，如铁路、航空、邮电、煤气、供电等部门。设想一下，如果在同一城市或同一地区有两家水厂供水，相邻小区居民因为由不同水厂供水安装两套管道，不仅厂商的生产成本过高，而且水的价格也难以下降，对生产者和消费者都不利。因此，这种由于技术条件和需求条件共同作用而形成的垄断就是自然垄断。

三、政府的反垄断政策

显然，自然垄断有其存在的合理性，政府并不能禁止自然垄断，但可以对这种状况进行干预和管制。一些国家曾采用国有化的办法对该类行业加以控制。但事实证明，国有化企业往往效率较低，因而仍然让私人经营，同时加强管理尤其是定价管理，前面讨论过的边际成本定价和平均成本定价,是对自然垄断的管制方法。而对于其他垄断,政府往往会反对或加以禁止。

政府对垄断更强烈的反应是制定反垄断法或反托拉斯法。西方很多国家不同程度地制定了反托拉斯法,其中最为突出的是美国,这里做简要的介绍。

19世纪末和20世纪初,美国企业界出现了第一次大兼并,结果形成了一大批经济实力雄厚的大企业。这些大企业称为“垄断”厂商或托拉斯。这里的“垄断”不只局限于指一个企业控制一个行业的全部供给的“纯粹”情况,而且也包括几个大企业控制一个行业的大部分供给的情况。按照这一定义,美国的汽车工业、钢铁工业、化学工业等都属于垄断市场。垄断的形成和发展,深刻地影响着社会各个阶级和阶层的利益。

1890~1950年,美国国会通过一系列法案以反对垄断,其中包括《谢尔曼法》(1890)、《克莱顿法》(1914)、《联邦贸易委员会法》(1914)、《罗宾逊—帕特曼法》(1936)、《惠特—李法》(1938)和《塞勒—凯弗维尔法》(1950),统称反托拉斯法。在其他西方国家中也先后出现了类似的法律规范。

美国的这些反托拉斯法规定,限制贸易的协议或共谋、垄断或企图垄断市场、兼并或排他性规定、价格歧视、不正当的竞争或欺诈行为等都是非法的。

美国反托拉斯法的执行机构是联邦贸易委员会和司法部反托拉斯局。前者主要反对不正当的贸易行为,后者主要反对垄断活动。对犯法者可以由法院提出警告、罚款、改组其公司直至判刑。

小链接

自2008年8月1日起,有“经济宪法”之称的《反垄断法》正式实施。尽管就目前我国的法律体制、市场状况和执法机制而言,《反垄断法》尚不能完全发挥“经济宪法”的作用,但该法作为市场竞争法律制度的核心,无疑会对我国培育公平、有序的市场竞争环境发挥重要作用,有助于促进企业的创新和经济效益的提高。

《反垄断法》的目标在于预防和制约垄断行为,维护市场竞争秩序,其本身并不反对企业做大、做强。一是《反垄断法》不反对更不禁止企业合法取得市场支配地位,只是禁止具有市场支配地位的企业滥用市场支配地位,排除、限制竞争,阻碍技术进步,损害消费者和其他经营者的合法权益的行为。二是关于对经营者的控制和审查,《反垄断法》强调既要防止经营者过度集中,形成垄断;又要有利于国内企业通过依法兼并做大、做强,发展规模经济,提高产业集中度。三是《反垄断法》在禁止垄断协议的同时,对中小经营者为提高经营效率、增强竞争力所达成的协议不予禁止。四是《反垄断法》通过禁止滥用行政权力排除、限制竞争,有利于建立和完善全国统一、开放、竞争、有序的大市场,有利于企业对全国乃至全球资源进行优化整合,从而有利于我国企业做大、做强。

第三节　外部影响

为使国民经济持续稳定发展，既要保持良好的市场环境，又要保持良好的生态环境。经济主体的微观活动不仅会对自身的利益产生影响，而且会对其外部环境产生影响。因此，政府必须对经济主体可能带来的外部不利影响加以干涉和制止。

一、外部影响及其分类

微观经济理论，特别是其中的“看不见的手”的原理主要依赖于一个隐含的假定：单个消费者或生产者的行为对其他人的福利没有影响，即不存在所谓的“外部影响”(externality)。也就是说，经济单位的私人成本和私人利益应该等于其所造成的社会成本和社会利益。但是在实际经济中，这个假定往往不成立。在很多时候，某个人(生产者或消费者)的经济活动会给社会上其他成员带来好处，但他自己却不能由此得到补偿。此时，这个人从其活动中得到的私人利益就小于该活动所带来的社会利益。**这种性质的外部影响即所谓的“外部经济”**(positive externalities)。根据经济活动的主体是生产者还是消费者，外部经济可以分为“生产的外部经济”和“消费的外部经济”。另一方面，在很多时候，某个人(生产者或消费者)的经济活动会给社会上其他成员带来危害，但他却并不支付抵偿这种危害的成本。此时，其活动所付出的私人成本就小于该活动的社会成本。**这种性质的外部影响即所谓的“外部不经济”**(negative externalities)。外部不经济也可以视经济主体的不同，分为“生产的外部不经济”和“消费的外部不经济”。

(一)生产的外部经济

当生产者的经济行动对他人产生有利影响，而自己却不能从中得到报酬时，便产生了生产的外部经济。例如，养蜂人的行为客观上使果农的产量增加。又如，一个企业对其工人进行培训，而这些工人可能转到其他单位去工作。该企业并不能从其他单位索回培训费用或得到其他形式的补偿。因此，该企业从培训工人中得到的私人利益就小于该活动的社会利益。

(二)消费的外部经济

当消费者的行动对他人产生有利影响，而自己却不能从中得到补偿时，便产生了消费的外部经济。例如，当某个人对自己的房屋和草坪进行保养时，隔壁邻居也从中得到了不用支付报酬的好处；某个人出门时精心打扮而使他人得到了愉悦的感觉。此外，一个人对自己孩子进行良好的教育，也会使其邻居、所处社区甚至社会都得到好处。

(三)生产的外部不经济

当生产者的行动使他人付出了代价而又未给予补偿时，便产生了生产的外部不经济。

例如,一个企业因为排放污水而污染了河流,或者因为排放烟尘而污染了空气,这种行为使附近的人们和整个社会都遭到了损失。又如,建造的高层住房侵害了他人的采光权等。因此,对于各种外部不经济的行为,必须通过有效的途径和方法加以限制和克服。

(四)消费的外部不经济

当消费者的行动使他人付出了代价而又未给予补偿时,便产生了消费的外部不经济。吸烟便是明显的例子,吸烟者危害了他人的身体健康,但未支付任何代价。又如,深夜在家里大声唱歌或奏乐影响周围邻居休息等。因此,制止各种消费的外部不经济行为,需要加强思想教育和提高人的文明程度。

二、社会成本与私人成本

为了进一步分析外部经济和外部不经济,再引入两个概念:**社会成本**(social cost)**和私人成本**(private cost)。

在现实生活中,社会成本与私人成本通常是不一致的。例如,炼钢厂未进行处理,将废气直接排放,节约了企业成本,但加剧了社会的污染程度。在这种情况下,社会成本大于私人成本。

社会成本是指社会为某项活动付出的代价,它通常包括私人成本与社会其他个体为此所支付的费用。私人成本是指个体进行某项活动所支付的成本,这里的个体可以是个人、企业、事业单位与社会团体等。如果社会成本得不到完全补偿,那么个体受益的同时会使社会福利状况变差。

同社会成本与私人成本相对应的是社会收益与私人收益。在外部经济的时候,社会收益大于个人收益;而在外部不经济的时候,社会成本大于个人成本。

在外部影响下往往会使资源配置失当,原因非常简单。以外部经济为例,假定某人采取某项行动的私人收益为 R_P,该行动所产生社会收益为 R_S,由于存在外部经济,故私人收益小于社会收益,即 $R_P<R_S$,这人的私人成本 C_P 大于私人收益而小于社会收益,即 $R_P<C_P<R_S$,则他显然不会采取这项行动,尽管从社会角度看该行动是有利的。在这种情况下,帕累托最优没有实现,还存在改进的余地。如果这人采取这项行动,则他受损的部分为 (C_P-R_P),其他人由此而得到的好处为 (R_S-R_P)。由于 $(R_S-R_P)>(C_P-R_P)$,故可以从其他人得到的好处中拿出一部分来补偿行动者的损失,从而使某些人的状况变好,而没有任何人的状况变坏。一般而言,在外部经济的情况下,私人活动的水平要低于社会的最优水平。

三、政府对待外部经济和不经济的政策措施

在外部经济的情况下,私人活动的水平常常要低于社会的最优水平。例如,有些企业的投资虽能促进当地经济的发展,但由于投资环境不好,配套设施跟不上,企业可能亏损,因此不愿投资;农业对国民经济的发展有着重要的影响,但农民可能因收入过低而不愿从事农业生产等。由于这些经济活动存在外部经济,政府需要对其进行支持和鼓励,可以给予生产补贴或政策优惠。

如何纠正外部影响所造成的资源配置不当?西方经济学提出以下政策建议:

第一,使用税收和津贴的方法。对造成外部不经济的企业,国家应该征税,其数额等于该企业给社会其他成员造成的损失,从而使该企业的私人成本恰好等于社会成本。例如,在生产污染情况下,政府向污染者征税,其税额等于治理污染所需要的费用。反之,对造成外部经济的企业,国家可以采取津贴的办法,使得企业的私人利益与社会利益相等。

第二,使用企业合并的方法。例如,一个企业的生产影响到另外一个企业,如果影响是正的(外部经济),则第一个企业的生产就会低于社会最优水平;反之,如果影响是负的(外部不经济),则第一个企业的生产就会超过社会最优水平。但是,如果把这两个企业合并为一个企业,则此时的外部影响就被“内部化”了。合并后的企业为了自己的利益,将使生产确定在其边际成本等于边际收益的水平上。由于此时不存在外部影响,故合并企业的成本与收益就等于社会的成本与收益,于是资源配置达到帕累托最优状态。

第三,使用规定财产权的办法。在许多情况下,外部影响之所以导致资源配置失当,是由于财产权不明确。如果财产权是完全确定的并得到充分保障,则有些外部影响就不会发生。例如,某条河流的上游污染者使下游用水者受到损害。如果给予下游用水者以使用一定质量水源的财产权,则上游的污染者应该受罚。在这种情况下,上游污染者便会同下游用水者协商,将这种权利从他们那里买过来。同时,遭到损害的下游用水者也会使用他出售污染权而得到的收入来治理河水。总之,由于污染者为其不经济的外部影响支付了代价,故其私人成本与社会成本之间可以实现均衡。

上述对付外部影响的最后一种办法,涉及产权的确定和交易。**所谓“产权”,是指通过法律程序确定的、个体占有或使用某种财富或资源的权利**。美国芝加哥大学教授科斯认为,如果当事者谈判的费用即交易成本为零或较小,就可以通过确定产权,由当事人就外部不经济问题进行协商,以消除外部不经济的状况,达到资源的有效配置,而且这与产权的初始界定无关。科斯的这一观点被称为**科斯定理**(**Coase theorem**)。

科斯在1960年发表的《社会成本问题》中提出了一个著名的论点,即无论哪一方拥有产权都能带来资源的有效配置。科斯举了这样一个例子:一个牧场主与一个农场主是邻居,牧场主的牛经常闯入农场主的田地并践踏庄稼。如果这片土地的产权没有界定(如公共地产),那么损害庄稼就是一种外部成本。现在,假定农场主拥有这片地的产权,那么牧场主必须为牛的过失而向农场主赔偿,否则农场主可与他对簿公堂。现在,践踏庄稼成了牧场主的内部成本,他会好好管教他的牛,减少牛损害庄稼的事件发生。但要注意,最优的结果并非是杜绝这类事件的发生,而是使牧场主管教牛的边际成本正好等于需付给农场主的赔偿费(损害庄稼的经济损失)。

科斯还认为,即使牧场主拥有让他的牛践踏庄稼的权利,因为他拥有这片土地的产权,一个资源最佳配置的结局也同样会产生。因为,在这种产权界定下,农场主将愿意通过支付一定的费用,让牧场主不要放牛出来毁坏自己的庄稼,因为牛少毁坏一点庄稼,农场主的利润就能多一点,最后“均衡”的实现,使损害庄稼的程度将与农场主拥有土地产权的情形一模一样。

产权界定在不同人身上只是带来收入分配上的不同,当农场主拥有产权时,牧场主需支付补偿金;而当牧场主拥有产权时,农场主需支付补偿费用。在两种情况下,牛践踏庄稼的事件都下降到最低水平(不一定是零),但是不同的人承担了成本或享受了收益。

再来看化工厂排放污染的例子。假定厂商有排放废气的权利,而居民对"清洁空气"没有产权,厂商就不会把治理废气的费用打入生产成本,把废气产生的代价外部化,造成了外部不经济问题。假如居民对"清洁空气"有产权,就可以要求厂商向他们付钱以获得排放废气的权利。厂商或者停止生产,或者支付与废气相关的费用,外部成本就会内部化,资源的有效配置就会实现。所以,只要明确界定污染的权利,不管是给予化工厂污染的权利,还是给予居民不受污染的权利,都可以通过化工厂与居民之间的自由交易,使污染量减少到符合帕累托最优条件的限度,也就是使污染减少到符合社会最优的标准。

第四节 公共产品与公共资源

合理配置公共资源、有效扩大公共产品,是增加社会福利和提高政府服务功能的重要途径,因此,要通过各种有效途径,加强政府对公共产品的管理和对公共资源的利用。

一、公共产品

公共产品(public goods)是与私人产品(private goods)相对应的概念。顾名思义,**私人产品是供个人单独消费和享用的物品,能够通过市场交易达到资源优化配置;公共产品则是供集体共同消费和享用的物品,不能依靠市场交易实现资源的有效配置。**

公共产品区别于私人物品的基本特征是非竞争性和非排他性。

竞争性是指消费者或消费数量的增加会带来生产成本的增加,即产品的边际成本为正。例如,你多吃一块糖,生产者就要多花费这一块糖的成本去生产它。而大多数公共产品没有竞争性,即在给定的公共产品供给水平下,消费者数量的增加不会引起产品成本的增加,即边际成本为零。例如,增加一些人收听广播,不会增加电台的工作成本。可见,公共产品不具有竞争性。

排他性是指某个消费者取得一种商品的消费权后,其他消费者就无权获得该商品的利益。某人买了一块糖后,他就有了消费权,在没经过他同意的情况下,其他人不能再消费这块糖。而大部分公共物品不具有排他性,每个公民都拥有消费权,难以排除、限制任一消费者对它的消费。例如,一个人在收听广播时,不能限制、阻止另一个人的收听。可见,公共产品不具有排他性。

由于公共产品的非竞争性和非排他性特点,使得不承担成本就消费公共产品成为可能,即所谓的"免费搭车"(free ride)现象。理性的投资人出于自身利益,不愿生产公共产品,因为一旦生产成本无法收回,投资者就要遭受巨大损失。因此,公共产品通常由政府投资和供给。

仅具备非竞争性而不具备非排他性的产品称为准公共产品(quasi-public goods)。如电影院在没有客满的条件下是非竞争的,因为增加一个观众不会影响其他观众的观看,即增加观众的边际成本为零。但是,通过售票把不付钱的人排斥在电影院外,有一定的排他性。桥梁、高速公路、教育等也是如此,都属于准公共产品。

二、公共资源

通常把只具有竞争性却不具有排他性的物品叫作公共资源(common resource),如空气、自然森林、草原牧场、渔场等。在现实经济中,公共资源很可能被过度地使用从而造成灾难性的后果。“公地的悲剧”说明了公共资源所面临的这种困境。

假设在一个乡村有一块公共土地,村民们在这块公地上放牧。在这块公地上放牧的最优数量是多少?实际放牧的数量又会如何?由于这块公地没有明确的所有权,如果每一个村民都能够毫无限制地使用它,则实际放牧的数量将远远超过它的最优水平。由此引起的后果是,公地由于长期的过度放牧而日益衰落,这就是所谓的“公地的悲剧”。

在公共资源利用方面常会出现这种情况的原因,是每个可以利用公共资源的人面临着“囚徒困境”:自己加大利用而他人不加大利用,则自己得利;自己加大利用但其他人也加大利用,则自己不至于吃亏。最终是所有人都加大利用资源直至纳什均衡水平,而这个水平高于资源最佳利用效率,导致公共资源损害。

公共资源的悲剧在我国有许多例子。如在我国受沙漠化威胁的地区,当地居民关于保护还是毁坏防风防沙林带的选择,就是一种公共资源博弈问题。每个人都在想,如果只有自己砍几棵树,别人不砍就无关紧要,自己却可得利;如果其他人都砍而只有自己不砍,则防护林带也保护不了,还不如自己也砍——结论是:砍总是合算的。结果,防护林带完全被破坏。

公共资源往往没有明确所有者,人人都可以自由获得、免费利用,如海洋、湖泊、草场等。我们知道,只要产权是明确的,就可以有效地解决外部经济问题。如果产权界定不清,公共资源通常会被过度利用。由于湖泊是公共资源,外部成本不会被考虑,只会导致滥捕滥捞的现象。如果能对公共资源的产权进行重新构造,使之界定明确,则可以改进资源配置的效率。如果无法界定产权,则必须通过政府干预,才能使公共资源免遭滥用。

第五节* 政府的公共选择

在明确政府职能的基础上,如何使政府做出正确的决策,避免政府失灵,是公共选择所要解决的主要问题。

一、政府的经济职能

政府为弥补市场缺陷而担负的职能大致有以下三个方面:

一是提高效率方面的职能。如禁止垄断和管理自然垄断的政策和措施,关于解决外部性问题、提供公共物品、管理信息资源等方面的立法和政策,都体现了效率方面的职能。

二是维护公平方面的职能。如制定和贯彻价格、税收和转移支付等缩小贫富差距的再分配政策,就体现了这方面的职能。

三是稳定宏观经济的职能。宏观经济学中所讨论的财政政策、货币政策和产业政策等,就表现出这方面的职能。

这些职能需要政府通过健全法律、制定政策和落实措施来实现。政府立法、制定政策、采取措施,都属于决策活动。决策就是在若干方案中决定选用哪一个,这样就产生了两个问题:谁来决策和怎样决策。因为这些决策涉及众多群体乃至整个社会的利益,这样的决策称为公共选择,研究这方面的理论称为公共选择理论。

二、公共选择

相对于市场经济中自发、分散、自由的运行方式,政府职能具有人为、集中、统一的特点。在市场经济中,决策过程相当简单,一切都是由市场上供求双方的相互作用决定的。最终决定商品生产多少、如何生产或为谁生产的,是消费者手中的“货币选票”。在政府的公共选择中,问题就没有这么简单。

政府的公共选择一般通过投票进行。在这种决策过程中,公共政策的取舍、公共开支的多少,都由选民或选民代表投票决定,哪一种方案得到大多数人的赞同就能够实施。这种每人一票的决策方式是公平的,但不一定是有效率的。因为在决策过程中产生了两个问题:一是关于偏好显示的问题,二是关于偏好加总的问题。

从理想化的角度来说,政府通过加总个人的偏好来做决策,这种决策会影响每个人的福利,因此政府的决策机制会导致理性的社会选择,真实地反映出每个人的偏好。这种理性是指政府的决策遵循与个人偏好一致的原则。也就是说,这种选择应该是完全的、可传递的。然而,政府要做出这种选择是很困难的。

政府的公共选择由集体做出或由一些人代表集体做出,这种选择在民主制度下可有多种方式。一种方式是一致同意规则,即一种决策为当事人一致同意。这种方式当然理想,但决策成本太大,决策的成功率极低,因为只要有一个人不赞成,方案就要被否决。第二种方式是多数同意原则,即一种方案只要一半或 2/3 以上当事人同意即可通过。这种方法比较可行,通常被采用,但很可能出现投票悖论。假定甲、乙、丙三人面临 A、B、C 三种方案选择时,他们的偏好顺序是:

甲:A 优于 B,B 优于 C

乙:B 优于 C,C 优于 A

丙:C 优于 A,A 优于 B

结果是没有一个方案得到多数票,也许只能根据长官意志来决定。这一规律是美国经济学家阿罗(K. J. Arrow)发现的。他认为,在非独裁情况下,不可能有适用于所有个人偏好的社会福利函数,即满足所有个人偏好的社会选择,这称为阿罗不可能定理。

很多人认为,政治家也是追求私利的普通人,再加上委托代理所造成的政治家权力的扩大,使得他们致力于谋取个人利益,而不是通过加总个人偏好做出合乎选民利益的公共决策。这样就可能产生以下结果:

(1)在民主国家中,官僚的偏好就是全体选民的偏好;

(2)在集权国家中,统治者的偏好就是全体人民的偏好;

(3)在专制国家中,独裁者的偏好就是整个社会的偏好。

三、政府失灵

由于现实社会极其复杂，用来弥补市场经济缺陷的政府职能并不是完美无缺的。在许多情况下，政府这只“看得见的手”也失去了作用，我们称之为政府失灵。虽然有那么多市场失灵的情况需要政府的干预，但是政府对市场的调节受到很多因素的限制：

(1)有限信息。市场信息的不足是造成市场失灵的一个因素，政府往往要承担起提供信息的职能，或者代替某些市场交易者进行决策。但由于现实生活是相当复杂而难以预计的，政府也很难做到掌握充分信息，政府“犯错”的情况并不少见。

(2)有限控制。这是指政府对私人、市场的控制能力有限，政府采取某些公共政策后，对私人、市场的反应和对策往往无能为力。例如，政府采取医疗保险或公费医疗政策，却无法控制医疗费用的急速上升；一些国家为了吸引外资或鼓励投资，对外来资本或某些地区实行优惠政策，却没料到许多不应享受优惠的投资者也钻了空子。

(3)时滞限制。政府的公共政策从决策到执行都受到时滞的限制，如从问题产生到纳入政府考虑日程的这一段时间称为认识时滞(recognition lag)，从政府已认识某一问题到最后得出解决方案的这一段时间称为决策时滞(decision lag)，从政府公布某项决策并付诸实施到引起私人、市场反应的时间称为生效时滞(execution & effecting lag)。任何公共政策都难逃这些时滞，限制了政府调节能力的发挥。

(4)有限决策。即使政府拥有充分的信息，通过民主过程在不同方案之间做选择仍会产生困难。政府的决策会影响很多人，但真正做出决策的只是少数人，不管这些少数人是选举产生的还是其他方式指定的，他们在决策时会自觉不自觉地倾向于自己所代表的阶层或集团的偏好和利益。一些人指出，即使通过选举产生的决策人也往往服务于特定的利益集团，而一旦既得利益集团形成后，这种格局就很难打破。所以，民主政府的决策是否符合大多数人的利益是值得怀疑的。

由于政府失灵的客观存在，很多经济学家尽管并不否认市场失灵，但仍然对政府干预经济持否定态度，他们认为政府失灵造成的后果比市场失灵更为糟糕。当然各国经济实践证明了，在市场失灵导致资源配置严重扭曲时，至少从短期来看，政府对经济的干预仍然是必需和值得的。

练习题

一、名词解释

1. 产权
2. 外部经济
3. 科斯定理
4. 公共物品
5. 竞争性
6. 政府失灵

7. 社会成本
8. 自然垄断
9. 道德风险
10. 委托—代理问题

二、单项选择题

1. 如果资源配置实现帕累托最优,则(　　)。
A. 收入分配是公平的
B. 收入分配是有效率的
C. 存在一种重新配置资源的途径,能使每个人的状况变好
D. 不存在任何途径使任何一个人的境况变好而不使其他人变坏

2. 某一经济活动存在外部不经济是指(　　)。
A. 私人成本大于社会成本　　B. 私人成本小于社会成本
C. 私人利益大于社会利益　　D. 私人利益小于社会利益

3. 一个人的吸烟行为是(　　)。
A. 生产的外部经济　　B. 生产的外部不经济
C. 消费的外部经济　　D. 消费的外部不经济

4. 公共物品供应的最优均衡条件为(　　)。
A. 消费者的边际支付意愿之和应等于该物品的边际成本
B. 生产者的边际成本应等于消费者的边际支出
C. 每一个消费者的边际替代率必须相等
D. 提供公共物品的私人成本等于社会成本

5. 解决外部性的政策不包括(　　)。
A. 征税　　B. 补贴
C. 明确产权　　D. 提高利率

6. 只要交易成本为零,财产的法定所有权分配就不影响经济运行的效率,这种观点是(　　)。
A. 有效市场理论　　B. 逆向选择
C. 科斯定理　　D.“看不见的手”

7. 为了提高资源配置效率,政府对竞争性行业厂商的垄断行为采取的措施是(　　)。
A. 提倡　　B. 限制性
C. 不干预　　D. 有条件的加以支持

8. 微观经济学的研究对象是(　　)。
A. 个体经济单位　　B. 国民经济
C. 市场　　D. 一般均衡问题

第十一章
政府的宏观经济政策

市场机制作为“看不见的手”可以自发地调节经济，促进资源的优化配置，但不能完全实现人们预期的目标，甚至会出现市场失灵等问题。因此，政府不得不采取干预措施来克服市场经济固有的缺陷和弊端，这些干预措施就涉及宏观经济政策的制定和运用。

小链接

1929 年 10 月 24 日，是美国历史上的“黑色星期四”。在当年夏天，美国还是一片歌舞升平，直至 9 月份，美国财政部长还信誓旦旦地向公众保证：“这一繁荣的景象还将继续下去。”但是，1929 年 10 月 24 日这一天，美国金融界崩溃了，股票一夜之间由顶巅跌入深渊，使 5 000 多亿美元的资产在一夜间化为乌有。

时任美国总统的罗斯福针对当时的实际，大刀阔斧地实施了一系列旨在克服危机的政策措施，历史上被称为“新政”。其主要措施包括：(1)整顿银行与金融系，下令银行休业整顿，逐步恢复银行的信用，并放弃金本位制；(2)复兴工业或称对工业的调整(中心措施)：通过《国家工业复兴法》与“蓝鹰行动”来防止盲目竞争所引起的生产过剩；(3)调整农业政策：给减耕减产的农户发放经济补贴(农民缩减大片耕地，屠宰大批牲畜，由政府付款补贴)，提高并稳定农产品价格；(4)推行“以工代赈”并大力兴建公共工程，缓和社会危机和阶级矛盾。这充分说明了市场所固有的缺陷，政府干预的必要性和意义早已被各国政府所认识，并在实践中找到了一些解决的方法和措施。

第一节　宏观经济政策的目标

任何一项经济政策都是为了达到一定的经济目标而制定的。按照西方经济学的理论，宏观经济政策要求达到的主要目标是国民经济的持续稳定增长，具体有四个方面：充分就业、物价稳定、经济增长和国际收支平衡。

一、充分就业

充分就业是指在现有的激励条件下，所有人都有机会以自己愿意的报酬参加生产劳动，即全社会的劳动力资源被充分利用的状态。通常以失业率的高低作为衡量充分就业与否的尺度。经济社会处于充分就业状态并不意味着失业率为零。实现充分就业，就是把失业率保持在自然失业率的水平上(允许自愿失业和摩擦性失业的存在),让自然失业以外的所有人都能找到工作,实现就业的最大化。自然失业率要在社会允许的范围之内,即能为社会所接受。一般认为,存在4%～6%的失业率是正常的。

二、物价稳定

物价稳定成为宏观经济政策的目标,主要是由于价格波动过大会对经济产生不良影响,而且过高的通货膨胀对社会经济生活的危害是极其严重的。**物价稳定是指价格总水平的稳定,即大多数商品和劳务的价格不出现过大的变动**。它既不是指单个商品价格的稳定,也不是所有价格固定不变,而是指价格总水平不出现剧烈的、大幅的、持续的变动。物价总水平的上涨,主要是由于超经济发行货币所导致的通货膨胀引起的。因此,稳定物价总水平,就是控制通货膨胀。一般来说,经济要增长,没有一点通货膨胀是很困难的,西方国家的通货膨胀已经无法完全消除。因此,价格基本稳定和价格总水平的温和上涨可以并存,维持低而稳定的通货膨胀率,并控制在社会所接受的程度之内,对经济增长不会产生不利影响和破坏作用。

三、经济增长

经济增长是指一定时期内人均产量和人均收入的持续增长,通常用实际国内生产总值的增长率来衡量。国民经济要保持一个适度的增长率十分重要,因为增长率过低会导致严重的失业问题,而过高的增长率很可能造成通货膨胀、经济结构失衡,对经济发展带来不利影响。因此,如何维持一个适度的增长率,以实现充分就业和维持物价稳定是一个重要的宏观经济课题。实践表明,经济的稳定增长比经济波动过大,可以产生更好的社会经济效益。实践表明,经济增长不能单纯追求数量,更要注重质量,只有在保护生态环境和高效利用资源的前提下,提高经济增长的速度,才能真正提高全社会的福利水平。

四、国际收支平衡

国际收支平衡,要求一国能保持汇率稳定,同时进出口大致平衡,既无大量赤字又无过度盈余。国际收支平衡,对于开放经济的国家来说是至关重要的。当一个国家的国际收支处于失衡状态时,必然会对国内的经济带来一定的冲击,从而影响国内的就业水平、价格稳定以及经济增长。因此,国际收支平衡也是保持国民经济稳定增长的重要条件。

宏观经济政策的四个目标是不一致的,因此,要同时实现是非常困难的。例如,充分就业与物价稳定往往是矛盾的,因为要实现充分就业,就必须运用扩张性货币政策,而这些政策又会引起通货膨胀;相反,政府要控制通货膨胀就需要采取紧缩性货币政策,而经济增长速度放慢,失业率就会上升。另外,物价稳定与经济增长之间也存在矛盾,在经济增长中,通货膨胀往往是难以避免的。

西方学者认为,要实现既定的经济目标,政府运用的各种政策手段必须相互配合、协调一致。在制定政策时,要考虑社会可接受程度,以及政策的配合作用和时机的把握等。因此,宏观经济目标的实现,是综合利用多种经济政策的过程和结果。

第二节 财政政策

财政政策是政府干预经济运行的必要手段之一。**财政政策是指为促进充分就业、减轻经济波动、防止通货膨胀而对政府支出、税收和借债等进行的调节,或对政府收入和支出所做的决策。**

一、财政政策的内容

财政政策主要由财政收入、财政支出、公债、预算等政策组成。因此,政府在财政领域对宏观经济的调控,主要体现在税收、政府购买、转移支付、公债等工具的运用上。

(一)财政收入政策

财政收入政策主要是指税收政策。税收是政府收入的主要组成部分,在国民生产总值中占相当大的比重。在现代社会中,税收不仅仅是维持政府职能的手段,而且成为贯彻政府财政政策的有力手段。税收政策的改变将对居民的收入和消费,企业的投资、生产和销售产生重大影响。一般来说,政府降低税率、减少税收会导致居民消费和企业投资增加,从而使社会总需求和总产出增长;相反,如果提高税率、增加税收,则会减少居民的收入和消费,使企业投资减少,从而引起社会总需求和总产出的下降。因此,政府在经济萧条时可以采取减税措施来抑制经济衰退,而在经济高涨时可以采取增税措施来抑制通货膨胀。

(二)财政支出政策

财政支出政策是政府资金的分配和使用政策。政府支出包括政府购买和转移支付两部分内容。

政府购买是指政府在市场上对商品和劳务的购买,包括国家安全支出、国家机关的办公设施及用品、政府雇员的劳动报酬和公共工程的支出等。政府购买是一种实质性支出,有商品和劳务的实际交易,直接形成社会需求和购买力,因此政府购买会直接影响国民生产,它对社会总支出具有调控作用。当经济过热时,政府可以通过减少购买来降低社会总需求,以此抑制通货膨胀;在经济过冷时,政府可以通过增加购买来增加社会总需求,以此抵制经济衰退。

转移支付是指政府的社会福利支出、保险支出以及政府津贴,如养老保险、失业救济、残疾补贴、贫困救济,还包括政府对农业和部分企业的津贴等支出。转移支付仅仅是政府对现有收入的一种再分配,它本身并没有增加收入。与政府购买不同,它只是作为一种单方面价值转移。但这部分支出在消费者和厂商的手中会形成购买力,而购买力的大小视边际消费倾向而定。通常政府的转移支付会对国民生产形成一定的影响,因为穷人的边际消费倾向要高于富人。

(三)公债政策

政府发行的债券称为公债,公债是政府对公众的债务,是政府税收不足时,为了弥补支出缺口,利用国家信誉筹集资金的特殊形式。公债是财政政策的重要组成部分,政府通过发行债券取得收入,以增加政府财力。公债和税收有很大的区别,税收具有强制性和无偿性,而公债则是以政府信用形式取得的收入,到期必须还本付息,因此,政府在发行公债时就要考虑归还的期限和能力。公债可由中央政府发行,也可由地方政府发行。中央政府发行的债务称为国债。国债的发行并不仅限于国内,也可在境外;在国内发行的债务称为内债,在国外发行的债务称为外债。外债多为外国政府持有,其比重通常小于内债。政府公债一般有短期、中期和长期三种形式。中长期债券随时间的延伸风险增大,由于风险和收益成正比,因此中长期的债券利息较高,是资本市场上主要的金融工具。公债的发行,不但可以为政府筹集财政资金,影响财政收支,还能通过对金融市场的调控影响货币供求,从而调节社会总需求。

二、自动稳定器效应

自动稳定器,又称内在稳定器,它源自财政制度本身。政府的一些制度具有自动调整的灵活性,它有助于经济的稳定,即经济系统本身存在着一种机制,在宏观经济不稳定时能自动发挥作用,使其趋向稳定。当经济出现波动时,财政制度会做出反应,自行发挥调节作用,而不需政府采取干预行动。具体来说,财政制度的自动稳定器作用主要表现在以下三个方面:

(一)比例所得税

比例所得税,尤其是累进的所得税是最主要的自动稳定器。累进的个人所得税和公司所得税,对经济活动的变化反应相当敏感。个人所得税有固定的起征点,并且具有累进的性质,当经济进入繁荣期时,人们的税收水平会普遍提高,有更多人达到起征点,也有一部分人进入更高的税率档次。这时,政府税收会自动增加,并且税收的增长速度要高于收入的增长速度,使人们税后的可支配收入减少,从而在一定程度上抑制了消费需求的增长,有助于减轻由于需求过大而引起的通货膨胀,对经济扩张起到限制作用;相反,当经济萧条时,由于个人收入减少,在税率不变的条件下,有些人的收入降至起征点以下,也有一部分人退回到较低的税级,政府税收自动减少,这使税后的可支配收入下降的幅度比收入下降的幅度要小一些,从而消费支出下降也会小一些,有助于减轻萧条的程度。公司所得税不具有累进的性质,但随着经济的涨落,税额也会发生较大变化,因为公司利润和经济状况密切相关,而税收是对公司所得利润征收的。当经济处于高涨期时,公司利润会大幅度提高,必然导致税收的迅速增加,有助于抑制经济增长;相反,当经济衰退时,税收迅速减少,有助于阻止经济衰退。

(二)政府的转移支付

政府的转移支付包括政府发放的失业救济金和其他福利支出,有其固定的发放标准,会随着经济的起伏而自动增减。如果经济繁荣,就业机会增多,失业人数和需要补助的人数相对减少,失业救济金和其他福利支出自然减少,从而抑制了可支配收入和消费的过度扩张;当经济衰退或萧条时,失业人数增加,这时有条件领取失业救济金和其他福利费的人数就会增加,政府的转移支付会自动增加,这将减缓总需求的下降幅度,从而减轻经济的衰退程度。

(三)农产品价格维持制度

为了维护农民利益和保护农业生产,政府通常对农产品价格实行补贴或限制。在经济不景气时,价格水平一般呈下降趋向,政府按照农产品的价格维持制度,以支持价格收购农产品,可使农民的收入和消费维持在一定水平上。当经济繁荣时,农产品价格上升,政府就会减少对农产品的收购并抛售以往收购的农产品,可以抑制农产品价格和农民收入的上升,在一定程度上限制总需求的扩张。

虽然这些内在稳定器自动地发挥着作用,但它们调节经济的能力十分有限。自动稳定机制只能够减缓经济波动,但不能改变经济变动的总趋势。因此,政府仅靠自动稳定机制很难实现宏观经济的均衡和稳定,自动稳定机制只能起到配合作用,而不能代替财政政策。因此,政府仍需要采取必要的政策来调节经济。

总的来看,一国财政制度越完善、越合理,自动稳定机制就越能缓解经济的波动。发达国家经济波动幅度较小,而发展中国家的经济容易大起大落正说明了这一问题。

三、斟酌使用的财政政策

由于社会供求经常不能在充分就业水平上达到均衡,而自动稳定器的作用有限,因此,就需要政府进行宏观调控,以消除通货紧缩缺口和通货膨胀缺口,使之接近物价稳定的充分就业。

运用政府开支与税收调节总需求,以控制失业和通货膨胀,并实现经济稳定增长的措施,称为斟酌使用的财政政策,它与政府日常的或常规的财政收支变动不同,它是为实现经济稳定所采取的特殊手段。斟酌使用的财政政策分为扩张性和紧缩性两种。

当经济萧条时期,政府就要通过扩张性财政政策来刺激总需求,使总支出增加,以弥补通货紧缩缺口,实现充分就业均衡。政府为扩大总支出所实施的财政措施,有减免税、增加转移支付和扩大政府购买等。减免税可以使个人可支配收入和企业利润增加,刺激消费和投资需求,转移支付的增加也有类似的效果。政府公共工程与购买直接增加总支出,刺激经济增长。这些政策通过乘数效应会带来国民收入的成倍增加,从而克服经济衰退。

在经济繁荣时期,总需求大于总供给,出现严重的通货膨胀缺口时,政府通过紧缩性的财政政策来压抑总需求,以保持经济稳定。紧缩性财政政策包括减少政府支出与增税。增税或削减转移支付可以降低个人可支配收入和企业利润,从而抑制消费和投资,这样就会压抑总需求;而减少政府购买可直接减少总支出。总支出的下降通过乘数效应,数倍地减少国民收入以此来稳定物价。

这种交替使用的扩张性和紧缩性财政政策,被称为补偿性财政政策。什么时候采取何种政策,必须由政府分析权衡、斟酌使用。根据凯恩斯的“需求管理”理论,要“逆经济风向行事”,才能取得好的效果。

四、功能财政

在凯恩斯理论出现以前,人们普遍信奉财政预算平衡原则,政府应收紧支出以适应有限的收入。历史上,预算平衡思想大致经历了三个阶段:第一阶段强调年度预算平衡,即主张每年预算应力求平衡;第二阶段强调周期平衡预算,在经济衰退时产生预算赤字,在经济繁荣时产生预算盈余,以盈余弥补赤字,从整个周期来看,预算是平衡的;第三阶段是充分就业平衡预算,认为政府应当使支出保持在充分就业条件下所达到的净税收水平。而凯恩斯的**功能财政的基本思想是:政府不能以平衡预算为目标,而应当追求无通货膨胀的充分就业;为实现这一目标,预算可以是盈余,也可以是赤字,政策的制定应注重对经济形势的考虑,从反经济周期的需要来利用预算赤字和盈余。**

衰退时,政府有义务实施扩张性财政政策以实现充分就业。如果起初预算是赤字,政府可允许有更大的赤字。如果坚持年度预算平衡,那么为减少赤字,只有减少政府支出或提税,结果会加深衰退;反之,当经济处于通货膨胀时,政府应实行紧缩性财政政策,不管财政起初是盈余还是赤字。

五、公债理论

由于经济通常存在通货紧缩缺口,按照功能财政的思想,扩张性政策更为普遍,因此财政赤字不可避免,而且还有累积增大的趋势。当一个国家财政年度出现赤字时,弥补的方法有两个:一是通过中央银行增发货币,但这种方式的结果是引发通货膨胀;二是凭借国家信用,发行政府公债,这是西方国家弥补赤字最常用的方法,也是实施宏观经济政策的重要工具。

然而,对于公债的利弊得失,人们的看法不一。传统的平衡预算理论认为,公债虽然是政府的债务,但归根结底都是由纳税人负担的。公债要还本付息就必须用征税和多发行货币的办法来解决,负担最终还是落在公众的身上。而凯恩斯主义的经济学家认为,对于公债,应当区分内债和外债。内债是政府对本国居民、企业和金融机构的借款。对公众而言,作为公债的购买者,他们拥有债权,作为纳税人,又欠下自己的债务。在这样的基础上,虽然资金会在不同的人群之间转移,但不会增加本国公众的债务负担。而外债则不同,它是政府向国外的借款,外债的本息必须依靠本国的资源来偿还,因此是一种真正的负担。

传统经济学家还认为,由于政府举债的收入主要用于当代人,而偿债则成为下一代人的负担,由此将导致代际间的收入分配不公。而凯恩斯主义认为,不同于单个家庭,政府活动具有连续性,只要保证按时付息,完全可以用发行新债偿还旧债,不存在一次性偿还债务的压力。即使政府债务非常庞大,债务对后代的影响要视债务的性质确定。如果政府债务纯粹是为了反衰退、填补私人部门的缺口,那么债务意味着相应的资源从闲置转向充分利用。由于来自债务的政府支出刺激了投资和生产,后代人会继承更多的物品和资本存量,因而扩大了经济福利。实践表明,虽然公债的绝对值随着时间的推移会急剧增加,但经济总量也在不断增大,只要公债占国内生产总值的比例不变,那么债务就是安全的。

六、财政政策的局限性

财政政策在实行过程中会受到种种因素的制约，这些限制因素主要有：

(一)挤出效应

所谓“挤出效应”，是指政府支出增加所引起的私人消费减少或投资降低的抵消作用。在一个充分就业的经济中，当政府支出增加或税收减少时，市场上购买产品或劳务的竞争会加剧，物价就会上涨，人们的消费也随之减少；在货币名义供给量既定的情况下，实际货币供给量会因价格上涨而减少，进而使可用于投资的货币量减少，市场利率上升，私人部门的投资会受到抑制，产生政府支出挤占私人投资的状况。显然，挤出效应的大小关系到财政政策效果的大小，而影响挤出效应的因素有：第一，货币需求的利率弹性。货币需求的利率系数越小，说明货币需求稍有变动，就会引起利率大幅变动，导致挤出效应很大，财政政策效果很小；反之，财政政策效果就很大。第二，私人投资需求对利率变动的敏感度。投资的利率系数越大，即利率上升时投资大幅度减少，挤出效应越大，财政政策效果就越小。此外，货币需求对产出的敏感程度、支出乘数等都会影响挤出效应，大家可以自己分析。

(二)政策时滞

一项政策从提出方案到产生效果，需要一定的时间。其中包括认识时滞，如分析形势、预测未来、提出政策建议等；制定政策时滞，一项政策要经过反复讨论论证，才能最后确定下来；此外，还有见效时滞，即从政策实施到产生效果还需一定时间。由于存在时间滞后，根据经济形势所实施的逆向调节政策会因形势变化而失效，甚至产生与预期相反的效果，加剧经济波动。

(三)预期影响

对政府将要实施的政策，人们会根据对形势的判断和对政策的预期，事先做出有利于自身的调整，抵消政策作用。在经济面临衰退时，政府试图通过减税刺激私人部门支出，如果家庭预期物价水平将下降，可能持币待购，则减税并不会增加消费；而企业则会因预期收益下降不愿投资，故总支出并不必然扩大。在面临通货膨胀压力时，即使政府减少开支，也会由于家庭预期物价上涨超前购买、企业预期收益扩大增加投资而大大降低政策的效率。

第三节　货币政策

货币政策是指国家根据经济发展目标，通过中央银行调节货币供给量和利率水平，以影响宏观经济活动的措施。货币政策同财政政策一样，分担着宏观经济调控的各种目标。除此之外，货币政策还有其特殊的政策目标，即维持金融秩序和防范金融危机等。

一、货币政策的基本知识

这里主要讲货币供应的种类，以及银行在创造货币上的作用等。

(一)货币的划分

货币是人们普遍接受的、充当交换媒介的一般等价物。在经济学中，根据金融资产的流动性，把货币划分为不同的层次：

狭义的货币供应量 $M1$＝流通中的现金＋商业银行的支票存款

广义的货币供应量 $M2$＝$M1$＋商业银行的定期储蓄存款

在现代经济社会中，除商业银行之外还存在着各种专业银行和接受存款的金融机构，因而货币供给又扩大为：

$M3$＝$M2$＋其他金融机构的储蓄存款

由于金融市场高度发达，各种短期资产也具有流动性，被纳入货币供应量中：

$M4$＝$M3$＋其他短期资产(国库券、银行承兑汇票、商业票据等)

小链接

由于货币政策是通过金融政策来实现的，银行又是金融机构中的重要组成部分。我们有必要来了解一下现代银行制度。各国商业银行的组成情况有所不同，有些国家有许多大小不同但在法律上独立的商业银行(如美国)。有些国家则是有几家大的商业银行，各个商业银行都有许多分行，形成一套独立的体系(如英国、日本)。

银行一般分为中央银行与商业银行两大类。中央银行是国家的银行，统筹管理全国金融活动、实施货币政策，主要有三项职责：第一，作为商业银行的银行，接受商业银行的存款，向商业银行发放贷款，领导监督商业银行的业务活动。第二，代表国家发行纸币。第三，运用货币政策调节经济。商业银行所从事的业务包括吸收存款、发放贷款、代客户结算三个方面，并从中获得利润。

(二)银行创造货币的机制

在货币政策调节经济的过程中，商业银行体系创造货币的机制是十分重要的。除了自有资金以外，商业银行资金的主要来源是存款。为了应付客户随时取款的需要、确保银行的信誉与整个金融体系的稳定，银行不能把全部存款贷出，必须保留一部分准备金。**法定准备金率是中央银行以法律形式规定的、商业银行在存款中必须保持的准备金的比例**。商业银行在吸收存款后，必须按法定准备金率保留准备金，其余部分才可以作为贷款放出。商业银行的活期存款就是货币，它可以用支票在市场上流通，所以，活期存款的增加就是货币供给量的增加；又因为活期存款就是货币，所以，客户在得到商业银行的贷款以后，一般并不取出现金，而是把所得到的贷款存入同自己有业务往来的商业银行，以便随时使用，所以，银行贷款的增加又意味着活期存款和货币供给量的增加。因此，商业银行的存款与贷款都会创造货币，在中央银行货币发行量并未增加的情况下，使流通中的货币量增加。而商业银行创造货币的多少，取决于法定准备金率的高低。

小链接

假定法定准备金率为20%，再假定银行客户会将其一切货币收入以活期存款的形式存入银行。在这样的情况下，最初某商业银行A所吸收的存款为100万元，该商业银行可放贷80万元；得到这80万元贷款的客户把它存入另一家商业银行B，该商业银行又可放贷64万元；得到这64万元贷款的客户把它存入另一家商业银行C，该商业银行又可放贷51.2万元……这样不断存贷下去，整个商业银行体系可以增加的存款总和是：100＋80＋64＋51.2＋…＝500(万元)，即100万元的存款创造出了500万元的货币。

如果以R代表最初的存款；D代表存款总和，即创造出的货币；r代表法定准备金率(小于1)，则商业银行体系所能创造出货币的公式是：

$$D=\frac{R}{r}$$

由这一公式可以看出，商业银行体系所能创造的货币量与法定准备金率呈反比，与最初存款呈正比。

小链接

货币乘数就是中央银行发行的货币量所引起的实际货币供给量增加的倍数。中央银行发行的货币称为基础货币或高能货币(包括法定准备金、超额准备金、非银行部门持有的通货)。如果高能货币为H，由高能货币创造出的增加货币量为M(包括通货和活期存款的总和)，则货币创造乘数为$\frac{M}{H}$。

二、货币政策工具

货币政策目标是通过货币政策工具来实现的。中央银行经常使用的货币政策工具包括三类：公开市场业务、再贴现率、法定准备金。

(一)公开市场业务

公开市场业务是指中央银行在金融市场上通过买卖政府债券，特别是短期债券，来控制货币供给和利率的政策行为。这是目前中央银行控制货币供给最重要也是最常用的工具。央行通过这种买卖债券的交易来扩大或收缩货币供给。央行买进政府债券时，以支票支付给卖主，如果卖者为居民或企业，卖者可将支票存入银行，商业银行再将这些支票呈示中央银行，表明其在中央银行的存款增加。如果卖者为商业银行，商业银行则直接将支票存入中央银行。这两种行为都造成中央银行对商业银行的负债增加。在扣除法定准备金后，这部分存款变成了商业银行的超额准备金。商业银行可以扩大贷款或是购买有价证券，这些信用活动为商业银行的货币创造奠定了基础，在货币乘数的作用下，货币供给量将成倍扩大。不仅如此，由于有价证券市场是一个完全竞争的市场，央行买卖政府债券的行为也会引起证券市场上需求和供给的变动，因而影响债券价格。如果中央银行买入政府债券，债券价格因需求扩大而上升，利率因此下调，就会使消费和投资增加，因而加强了货币政策的效果；反之,如果中央银行卖出政府债券,造成银根收紧,引起银行系统基础货币减少,在乘数作用下,货币供给量将成倍减少,导致债券价格下跌,利率上升,从而使消费和投资受到抑制。

公开市场业务之所以成为中央银行控制货币供给最主要的手段,是因为它比其他手段有更多的优势:第一,在实施公开市场操作过程中,中央银行占主动地位,能根据经济形势灵活地加以运用,便于及时改变货币供给的方向和规模。第二,公开市场业务的作用较为缓和。因为中央银行可以连续、灵活地进行公开市场业务的操作,自由决定买卖政府债券的数量、时间和方向,因而会产生连续性的效果,不会使社会做出强烈的反应。第三,中央银行即使出现某些政策失误,也可以及时得到纠正,这是再贴现率和法定准备金政策所不可能有的。第四,公开市场业务对货币供给的影响可以按照货币乘数较准确地预测出来,因此该项操作比较容易掌控。

(二)再贴现率政策

当商业银行资金不足时,主要以手中掌握的证券和商业票据向中央银行贴现取得资金,而商业银行持有的金融票据来自企业向商业银行的贴现,因此商业银行以贴现方式向中央银行的融资称为再贴现,中央银行的贷款利率为再贴现率或再贷款利率。

再贴现率是中央银行对商业银行及其他金融机构的放贷利率。中央银行通过变动再贴现率调节商业银行的信用活动。若中央银行提高再贴现率,将使商业银行的资金成本增加,商业银行或是减少向中央银行借款,或是提高向居民和厂商的贷款利率,两者同样起到了收缩信用的作用;反之,则有利于信用扩张。但事实上,央行并不经常使用再贴现率来控制货币供给。因为贴现的主要作用是允许商业银行和其他金融机构对其短期的现金压力做出反应;而且商业银行和其他金融机构也尽量避免使用再贴现来解决资金缺口,以免给人留下财务状况不良的印象;况且对于短期周转资金的不足,商业银行完全可以通过同业拆借市场来弥补。所以调整再贴现率在现代经济中并不常用,主要是为了发出一种市场信号,引导人们的预期。当人们以预期改变自己的行为时,会对政府的各种政策产生加强效应。

(三)法定准备金制度

法定准备金制度是中央银行规定的商业银行所需的最低保证,是中央银行为银行体系的安全而设立的,同时也是控制货币供给量的重要手段。当中央银行提高法定准备金率时,商业银行的超额准备金就会转化为法定准备金,商业银行可用于贷款的资金将减少,标志着货币创造能力的减弱;反之,当中央银行降低法定准备金率时,则出现相反的调节效果,货币供应将成倍增加。实际上,中央银行一般不愿轻易使用这一手段,这是因为变动法定准备金率的作用十分猛烈,会影响所有金融机构,容易导致中小银行破产;而且法定准备金率变动频繁,将使金融机构的正常信贷业务受到干扰而无所适从。因此,这一政策手段很少使用,一般几年才变动一次。

应该指出的是,上述三大货币政策工具需要配合使用。例如,当中央银行为减少货币供给,在公开市场操作中出售政府债券使利率上升后,再贴现率必须相应提高,以防止商业银行增加贴现;反之,则应当在买进债券的同时,降低再贴现率以加强政策效果。又如,当中央银行在市场上出售债券时,一般能起到降低银行准备金的作用,对原来超额准备金多的银行可能没什么影响，而对那些没有超额准备金的银行，就会感到资金困难。在这种情况下，中央银行敢于放手进行公开市场业务操作，还在于有再贴现政策作补充。

小链接

货币政策除了三种主要工具外，还可以采用以下一些政策工具：

(1)道义劝告，又称“用话来控制”，是指中央银行运用自己在金融体系中的特殊地位和威望，对商业银行发出口头或书面谈话或声明来劝说商业银行放宽或紧缩信用，引导商业银行配合中央银行的货币政策。如大衰退时期，鼓励银行扩大信用规模；在通货膨胀时期，劝阻银行限制扩大信用。由于道义劝告没有可靠的法律地位，因此并不是强有力的控制措施，但在很多情况下还是可以收到较好的效果。

(2)垫头规定，也称证券市场信用控制，是一种强制性限制证券投机的管制办法。中央银行规定买进有价证券必须有一定比例的证券保证金，这一保证金就是“垫头”。中央银行通过行使对垫头的调节权力控制证券市场的投机，以达到在证券市场上限制信用扩张的目的，而无须涉及其他领域。垫头要求越大，证券市场的融通率就越小；反之，融通率就越大，会助长证券市场的投机行为，鼓励证券交易中的信用扩张。

(3)消费者信用控制，是指中央银行对消费者购买耐用消费品的销售融资予以控制。中央银行限定首次偿付贷款的最低数额和付清贷款的最长期限，以及规定可用消费信贷购买的耐用品种类，对不同的消费品规定不同的信贷条件等。实践表明，在消费信用膨胀和通货膨胀时期，中央银行采取这一政策对于抑制消费需求和物价上涨的确具有较强的效果。

三、货币政策的局限性

实行货币政策常常是为了稳定经济、减少波动，但在实践中也存在一些局限性和具体问题，需要加以关注和解决。

(一)外部时滞

任何政策从制定到取得效果，必然会经过一段时间，称为时滞。如果收效太迟或难以确定时间，则会影响政策效果。货币政策的时滞由经济环境和金融条件决定。中央银行变动货币供给量，要通过影响利率再影响投资，进而影响就业和国民收入，因而货币政策要经过相当长一段时间才会充分发挥作用。市场利率变动以后，投资规模并不会马上发生相应变动。利率下降以后，厂商扩大生产规模，需要一个过程；利率上升以后，厂商缩小生产规模，更不是一件容易的事，已经在建的工程难以下马，已经雇用的职工要解雇也不容易。不仅如此，当政策效果显现时，经济情况可能已发生逆转。如经济衰退时，中央银行扩大货币供给，但未到政策效果显现，经济就转入繁荣，物价开始上升，则扩张性货币政策将不是遏制衰退，而是加剧通货膨胀。

(二)货币流通速度

从货币市场均衡的情况看，增加或减少货币供给要影响利率的话，必须以货币流通速度不变为前提。在经济繁荣时期，中央银行为了抑制通货膨胀，需要紧缩货币供给，然而那时，公众的货币支出会增加;并且物价上升越快,公众越不愿意持有货币,从而货币流通速度会加快,这无疑在流通领域增加了货币供给量。此时,即使中央银行减少货币供给,也无法使通货膨胀率降下来;相反,当经济衰退时,货币流通速度下降,这时中央银行增加货币供给对经济的影响,可能被货币流通速度下降所抵消。

(三)微观主体的预期

当货币政策实施时,微观经济主体会根据各种信息预测政策的后果很快地做出对策,这样政府的政策可能归于无效,甚至有害。如政府拟采取长期的扩张政策,人们预期社会总需求会增加,物价可能上涨,工人将通过工会与雇主谈判,要求提高工资。企业预期工资成本会提高,而不愿扩展生产经营,结果只能是物价上涨而产出没有增长,政策效果难以实现。

(四)反衰退作用微弱

在通货膨胀时期,紧缩的货币政策效果比较明显;在衰退时期,扩张的货币政策效果却不明显。因为在衰退时期,由于普遍的悲观预期,即使央行银根松动、利率降低,投资者仍然心存疑虑,不愿意贷款,而银行为了安全起见,也不愿意放贷。因此,货币政策在反衰退时期的作用比较微弱,难以体现。

第四节　宏观经济政策的协调

宏观经济政策的协调一定要相机抉择。**相机抉择是指政府在运用宏观经济政策调节经济时,根据经济形势的客观要求和政策措施的特点,机动地决定和选择在某个时期采用哪一种或哪几种政策措施。**财政政策与货币政策以及其他政策都有自己的特点,政府在进行抉择时要注意以下几点:

一、根据不同的经济形势采取不同的政策

在经济严重衰退时,要运用较猛烈的政策,如紧急增加政府支出;当经济出现衰退苗头时,要采用一些作用缓慢的政策,如在金融市场上收购债券等。只有采取针对性强的政策措施,才能取得较好的宏观经济效果。

二、把握各项经济政策的特点

不同的经济政策有不同的特点:(1)经济政策发挥作用的程度不同。如政府支出的增加与法定准备金率的调整都比较猛烈;税收政策与公开市场业务的作用都比较缓和。(2)经济政策效应的“时滞”不同。如货币政策可以由中央银行决定,作用快一些;财政政策从提案到议会讨论、通过,要经过一段较长时间,作用缓慢。(3)经济政策影响的范围不同。如政府支出政策的影响面就大一些;公开市场业务的影响面则小一些。(4)经济政策阻力的大小不同。如增税与减少政府支出的阻力较大,而货币政策一般来说遇到的阻力较小。

三、不同政策的协调使用

政府选择宏观经济政策是逆经济方向的，即经济萧条时，政府采取扩张性政策；经济膨胀时，政府采用紧缩性政策。根据经济形势和具体情况的需要，政府和中央银行可以采取不同的政策组合。

财政政策和货币政策的搭配方式不同，产生的政策效果不同，适用的经济环境也不同。具体见表 11－1。

表 11－1　财政政策和货币政策的混合使用

宏观经济情况	政策搭配	产　出	利　率
经济萧条但又不太严重	扩张性的财政政策和紧缩性的货币政策	不确定	上升
经济发生严重的通货膨胀	紧缩性的财政政策和紧缩性的货币政策	减少	不确定
经济出现通货膨胀但又不太严重	紧缩性的财政政策和扩张性的货币政策	不确定	下降
经济严重萧条	扩张性的财政政策和扩张性的货币政策	增加	不确定

小链接

(1)政策的负效应。例如，实现充分就业的代价可能是通货膨胀。财政政策在刺激总需求的同时会使利率上升、抑制投资，产生挤出效应，等等。

(2)非经济因素的影响。国际上的政治斗争、国内的政治问题，都会影响政策效应。因此，在选择经济政策时，要充分考虑各种非经济因素的影响。

(3)理论本身的局限性。经济理论并不是十分完善的，信息也并不是完全的。因此，在制定经济政策时，不仅要理论联系实际，而且要根据实践经验不断丰富和发展相关的经济理论。

总之，在经济政策的实施中存在许多实际问题，这些问题影响经济政策的效应。这就要求政府在运用宏观经济政策来调节经济时，根据经济形势的客观要求和各种经济政策的特点相机抉择。

小链接

2017 年 7 月 28 日，国务院新闻办公室举行新闻发布会。财政部副部长刘伟表示，面对复杂多变的国内外形势，在以习近平同志为核心的党中央的坚强领导下，财政部门认真贯彻中央经济工作会议精神和《政府工作报告》部署，坚持稳中求进的工作总基期，落实新发展理念，以推进供给侧结构性改革为主线，有效实施积极的财政政策，促进经济发展保持了稳中向好的态势。

2017 年实施积极的财政政策主要采取了以下措施：一是加大减税降费力度。进一步降低企业税负，实施包括落实和完善全面推开营改增试点政策，简化增值税税率结构，扩大享受减半征收企业所得税优惠的小型微利企业范围，放宽创业投资税收优惠条件，提高科技型中小企业研发费用税前加计扣除比例等政策。二是加强预算执行管理。中央对地方转移支付预算,除据实结算等特殊事项外,6 月底前已基本下达完毕。深化国库集中收付制度改革,及时拨付和调度资金,提高资金运行效率。三是切实保障改善民生。扎实推进精准扶贫、精准脱贫,加大深度贫困地区脱贫攻坚工作力度,将贫困县涉农资金整合试点推广到全部贫困县,支持地方探索推进资产收益扶贫。调整完善就业创业政策措施,落实更加积极的就业政策。进一步整合设立困难群众救助补助资金,支持地方统筹做好低保、特困人员救助供养等工作。四是强化地方政府债务管理。进一步规范地方政府举债融资行为,指导做好地方政府债券发行工作,完善地方政府专项债券制度,建立风险预警和应急处置制度,构建地方政府债务常态化监督机制。

练习题

一、名词解释

1. 自动稳定器
2. 外部时滞
3. 公开市场业务
4. 比例所得税
5. 公债理论
6. 挤出效应
7. 法定准备金率
8. 相机抉择
9. 再贴现率
10. 货币政策

二、单项选择题

1. 如果政府把经济增长作为宏观调控的政策目标,通常要实行扩张性财政政策和货币政策,以刺激总需求,一般情况下会导致(　　)。

A. 物价水平下降或通货紧缩　　B. 物价水平上升或通货膨胀

C. 就业机会减少或失业率提高　　D. 通货紧缩和就业机会增加

2. 当经济运行处于过热状态时,政府应当把(　　)作为宏观调控的主要政策目标,实行适度从紧的财政政策和货币政策。

A. 促进经济增长　　B. 实现充分就业

C. 稳定物价水平　　D. 实现社会公平

3. 经济杠杆在宏观调控体系中之所以能发挥其灵敏调节的功能,成为宏观调控的有效工具,其根本原因在于它们(　　)。

A. 与法律手段相结合,具有法律的强制力

B. 同市场主体的经济利益密切相关,其变动会引导和调节它们的经济活动

C. 由国家政策调节,具有政策的威力

D. 与行政手段相结合，具有行政约束力

4. 菲利普曲线表示的是(　　)之间的关系。

A. 经济增长与物价水平　　B. 充分就业与经济规模

C. 经济增长、充分就业与价格稳定　　D. 失业率与国民生产总值

5. 属于自动稳定器的是(　　)。

A. 政府购买　　B. 税收

C. 政府转移支付　　D. 政府公共工程支出

6. 通常认为，紧缩货币的政策是(　　)。

A. 提高贴现率　　B. 增加货币供给

C. 降低法定准备金率　　D. 中央银行买入政府债券

7. 法定准备金率越高，(　　)。

A. 银行越愿意贷款　　B. 货币供给量越大

C. 越可能引发通货膨胀　　D. 商业银行存款创造越困难

8. 对利率变动反应最敏感的是(　　)。

A. 货币的交易需求　　B. 货币的谨慎需求

C. 货币的投机需求　　D. 三种需求反应相同

9.“双紧政策”的政策搭配能使利息率(　　)。

A. 提高　　B. 下降

C. 不变　　D. 不确定

10. 紧缩性货币政策的运用会导致(　　)。

A. 减少货币供给量，降低利率　　B. 增加货币供给量，提高利率

C. 减少货币供给量，提高利率　　D. 增加货币供给量，降低利率

三、简答题

1. 何为自动稳定器？说明它对缓和经济波动的作用。

2. 什么是补偿性财政政策？

3. 扩张性财政政策对萧条经济会产生怎样的影响？

附录*

西方经济学流派

西方经济学的流派很多，这里主要介绍在凯恩斯经济理论产生以后形成的几个主要经济学流派。由于各国经济的发展，世界主要资本主义国家都出现了经济的滞胀现象，标志着凯恩斯主义已经失灵。因此出现了新古典综合派、新自由主义学派、供给学派和新制度学派等新的流派，试图对现代资本主义经济做出新解释，并为消除各种弊端提出了相应的对策和建议。

第一节　新古典综合派

凯恩斯经济理论产生于 20 世纪 30 年代的英国，于 1936 年传入美国。第二次世界大战后直到 20 世纪 70 年代初，它不仅曾在较长时间里影响着美国的经济政策，而且在西方经济学界占据主流地位，并在实践和争论中不断演变和发展，形成所谓的新古典综合派。

约翰·梅纳德·凯恩斯

约翰·梅纳德·凯恩斯(John Maynard Keynes，1883－1946)，英国经济学家，现代经济学最有影响的经济学家之一。他创立的宏观经济学与弗洛伊德所创的精神分析法及爱因斯坦发现的相对论，并称 20 世纪人类知识界的“三大革命”。

1936 年，其代表作《就业、利息和货币通论》(*The General Theory of Employment，Interest and Money*)出版，另外两部重要的经济理论著作是《论货币改革》(*A Tract on Monetary Reform*，1923)和《货币论》(*A Treatise on Money*，1930)。

一、新古典综合派的演变

新古典综合派以凯恩斯宏观经济理论为基础，又称后凯恩斯主流派经济学，其最重要的奠基者是美国的阿尔文·汉森和保罗·萨缪尔森，其他主要代表人物有詹姆斯·托宾、罗伯特·索洛、阿瑟·奥肯等。新古典综合派的形成过程，就是凯恩斯的经济理论在美国传播和占据主流地位的过程。

新古典综合派理论的发端可以追溯到 20 世纪 30 年代，英国经济学家约翰·希克斯用

三个方程式和 *IS—LM* 模型概括了凯恩斯的理论，以新古典经济学的语言和方法对凯恩斯的经济理论进行了概括。其 *IS—LM* 模型就是以局部均衡的图形和一般均衡的含义对凯恩斯理论的总体概括。此后，唐・帕廷金根据希克斯提出的一般均衡结构，在使用收入—支出分析法的同时，保留了新古典综合派的货币数量论。阿尔文・汉森是在美国大力主张凯恩斯主义的主要代表人物，他与希克斯合作提出了 *IS—LM* 模型，与萨缪尔森合作进行了乘数与加速原理相互作用的分析，在政策上提出了补偿性财政与货币政策等。

阿尔文・汉森

阿尔文・汉森(Alvin Hansen，1887—1975)，当代美国著名的凯恩斯主义经济学家。汉森出生于美国南达科他州，1915 年获得美威斯康第大学博士学位以后，曾任明尼苏达、斯坦福、哥伦比亚等大学教授，1937 年转到哈佛大学任教授，1956 年退休。在罗斯福实行"新政"时代，曾任政府经济顾问。他在哈佛任教近 20 年，培养了不少优秀经济学家，保罗・萨缪尔森就是其弟子之一。其代表著作有《财政政策与经济周期》(1941)、《货币理论与财政政策》(1949)、《凯恩斯学说指南》(1953)。

萨缪尔森则提出了宏观与微观相结合的"新古典综合"理论，就是把以马歇尔和庇古为代表的新古典经济学同凯恩斯的经济理论"综合"在一起。一方面，强调政府的有效"需求管理"，体现了反映国家干预的宏观经济学；另一方面，又主张市场的调节作用，体现了反映市场机制的微观经济学。

保罗・萨缪尔森

保罗・萨缪尔森(Paul A. Samuelson，1915—2009)和他的导师汉森是凯恩斯主义在美国的主要代表人物。他的研究涉及经济理论的诸多领域，如一般均衡论、福利经济学、国际贸易理论等。萨缪尔森是第一位获得诺贝尔经济学奖的美国经济学家，他的经典著作《经济学》以 40 多种语言出版，在全球销售超过 400 万册，是全世界最畅销的教科书，影响了整整一代人。也正是他的这本著作，将西方经济学理论第一次系统地带进中国，并使这种思考方式和视野在中国落地生根。

二、新古典综合派的主要理论

新古典综合派的理论非常丰富，主要体现在以下四个方面：

(一)现代收入—支出理论

收入—支出理论是新古典综合派经济理论的核心,它是在对凯恩斯收入决定论进行修补的基础上发展起来的。**所谓“收入—支出理论”,简单地说,就是关于社会总产量及相应的就业量、总收入(国民收入)水平是由哪些因素决定,以及如何决定的理论**。相关理论在第十章已做介绍。

(二)经济增长理论

现代经济增长理论基本上是在第二次世界大战以后发展起来的。经济增长理论的主要背景是:(1)凯恩斯经济理论所考察的是经济的短期静态均衡和比较静态均衡,无法分析长期和动态问题。(2)第二次世界大战后,经济学家们的注意力转向对经济增长问题的研究。(3)第二次世界大战后,许多发展中国家纷纷走上民族独立的经济发展道路。西方国家出于“冷战”思维和对自身的利益考虑,希望自己的经济增长模式能够为新独立的国家提供一种“示范效应”。

经济增长理论的主要模型是“哈罗德—多马”模型和“索洛—斯旺”模型。

“哈罗德—多马”模型发展了凯恩斯的理论,他在研究经济增长的均衡条件时,非常重视对总需求因素的分析和对有效需求不足时的经济失衡分析;“哈罗德—多马”模型非常强调资本积累在经济增长中的作用,认为国民收入主要取决于经济中的总需求水平,持续的经济增长取决于持续的总需求增长,持续的总需求增长主要取决于投资,投资受到储蓄的约束,因此经济均衡增长时的投资必须等于储蓄,只有在储蓄可以顺利转化为投资的条件下,社会储蓄率才成为经济增长的关键;“哈罗德—多马”模型秉承了凯恩斯的“需求管理”,肯定了国家干预、调节经济的必要性。该模型认为,社会经济要实现均衡的经济增长,社会劳动力要充分就业,投资必须全部转化为实际增长,这是长期理想经济增长的均衡条件。

“索洛—斯旺”模型引入了新古典经济学的价格理论,认为市场可以调节生产要素的价格,各生产要素都将得以充分利用,从而使经济达到充分就业的均衡增长。并且由于利息率升降的调节,投资总是被调整为等于储蓄;“索洛—斯旺”模型根据新古典经济学的边际生产力决定生产要素价格的理论,认为生产要素相对价格的变化会使企业改变所使用的生产要素组合,因而可以通过改变资本—产出比率,调整投资和储蓄的关系,保证经济达到充分就业的均衡增长。

不过,两个增长模型都忽视了技术进步对经济增长的作用。

(三)滞胀理论

滞胀是指通货膨胀和失业加剧并存的一种状况。凯恩斯理论无法解释 20 世纪 60 年代末期以后资本主义世界存在的滞胀现象,而新古典综合派则着重从微观上解释了滞胀的原因:

第一,微观部门供给异常。20 世纪 70 年代世界性的石油、农产品供给短缺及价格的猛烈上升推动了通货膨胀。但是,这种通货膨胀不仅不能解决失业问题,反而加剧了失业。因为与石油、农产品相关的部门因成本过高而产品销路锐减,结果生产收缩,失业增加,形成了滞胀局面。

第二，微观财政支出结构的变化。政府支出中的福利支出弥补了低收入家庭的收入，使得失业者不急于找工作，也使得物价不下跌，加剧了通货膨胀却又不能消灭失业，这样就形成了滞胀局面。

第三，劳动力市场的不完全性。主要是指劳工市场上存在着垄断和工会两股力量，存在着工种、技术熟练程度的不同和劳动力转移的地区限制，使劳动力市场失业与职业空位并存。在失衡的情况下，由于存在工资向上的刚性，失业和空位并存会转化为失业与工资率增长的并存。由于物价水平随工资水平的变化而变化，导致了失业与通货膨胀的并存。

(四)菲利普斯曲线

菲利普斯曲线是一条表示货币工资变动率和失业率之间此消彼长的互相替换关系的曲线。因为单位工资成本占单位生产成本较大的比例，只要工资增长率超过劳动生产率的增长率，价格水平就会上升。所以，失业率和通货膨胀率之间也存在着一种此消彼长的变化关系。

政府在运用菲利普斯曲线确定宏观经济政策时，首先要确定“社会临界点”。所谓“社会临界点”，是指政府对失业与通货膨胀的“社会可接受程度”。在“社会临界点”内，政府不必采取任何干预措施。如果失业率或通货膨胀率超过了“临界点”，政府就有必要加以干预。

假定4%的失业率和4%的通货膨胀率为“社会临界点”，则是社会可接受的，因而不必采取任何调节措施。而在此之外，通货膨胀较高或失业率较高，都不会被社会所接受，因而需要政府加以调节。

三、新古典综合派的政策主张

新古典综合派的经济政策主张的核心是以凯恩斯的宏观需求管理思想为基础，不断进行修正和补充，并提出多种经济政策综合运用的策略。

(一)宏观政策微观化

宏观政策微观化，即政府针对个别市场和个别部门的具体情况来制定区别对待的经济政策。财政政策和货币政策的微观化可以避免宏观经济政策在总量控制过程中给经济带来的较大震动，使得政府的干预和调节更为灵活有效。主要包括：第一，财政支出政策的微观化。即通过财政支出来促进部门结构的变动，可以通过政府的投资和购买，增加某些产品的供给，解决可能带动整个物价水平上升的某些产品供不应求问题；另一方面，通过某些方面的财政支出，刺激那些可以容纳较多非熟练工人的部门发展。第二，财政收入政策的微观化。即通过税收结构的变动和征税范围、税率的调整，使税收政策能促进资源的有效利用，以便促进经济增长。第三，货币政策的微观化。即通过局部地调整不同部门和不同类型借贷的放贷限额、信贷条件、利率等，来调节资本的供给与需求，并在不影响整个物价水平的前提下促进某些部门的经济增长。同时，通过地区利息率差异的调整，促进各个地区的经济均衡增长。

(二)人力政策

人力政策,也称为联邦就业政策或劳工市场政策,是指联邦政府推出的指导性与培育性的就业政策和劳工市场政策。人力政策针对劳动市场的不完全性,解决失业和职位空缺并存的矛盾,增加就业机会。人力政策的主要措施有:第一,进行劳动力的再培训,包括对失业者的培训和在职人员的培训,使非熟练劳动者能够适合劳动需求的条件,使技术过时的劳动者能够掌握新技术。第二,发展职业介绍事业,提供劳动市场信息,帮助企业和失业者及时了解准确情况,使企业容易找到合适的工人,工人容易找到合适的企业。第三,增加劳动力的流动性,帮助劳动者和企业进行地区迁移,解决劳动力在地区间流动的困难。第四,发展劳动密集型企业和部门,为劳动者创造更多的就业机会。

(三)收入政策

所谓"收入政策",是指限制各种生产要素的收入增长率,使之与劳动生产率相适应,同时防止货币工资增长率超过劳动生产率,以避免严重的通货膨胀。主要措施有:第一,工资—物价管制。即政府颁布法令,对工资与物价实行硬性冻结,来防止由于工资率增加过高而引起的通货膨胀。第二,工资—物价指导线,即根据长期劳动生产率状态,由政府规定工资和物价的增长标准,把工资和物价增长率限制在劳动生产率平均增长的幅度之内。第三,企业和工会签订工资—物价协议,在政府指导下,企业和工会对达到某种工资和物价水平签订协议,共同遵守,相互制约。第四,利用税收控制工资和物价。政府采用税收政策,对不按政府规定增加工人工资的企业主予以罚款(或加税),对按政府规定增加工人工资的企业主予以奖励(或减税)。

除了上述政策之外,新古典综合派还提出了浮动汇率政策、对外贸易管制和外汇管制政策、消费指导政策、能源政策、人口政策和农业政策等。新古典综合派的政策主张成为许多资本主义国家经济政策的基础。

第二节 新自由主义学派

凯恩斯主义理论及其国家干预的宏观经济政策,在帮助发达资本主义国家摆脱经济危机和恢复经济中发挥了积极作用,但是不能解决 20 世纪 60 年代后期出现的经济滞胀问题,因此产生了新自由主义学派,要求克服凯恩斯主义的缺陷。

一、新自由主义学派产生的背景及其代表人物

经济自由主义这一理论思潮由来已久。重农主义者和古典经济学家就倡导自由放任的经济学说。直到 1929 年资本主义经济危机爆发后,该学说为凯恩斯主义所代替。然而,自 20 世纪 60 年代后期以来,西方各国纷纷出现了滞胀局面。这种情况的出现标志着凯恩斯主义的失灵,于是各种新自由主义学派又登上了历史的舞台。

新自由主义有狭义和广义之分。从狭义上看，新自由主义经济学说往往被认为就是伦敦学派的经济学说，而这一学派的代表人物首推哈耶克和罗宾斯。他们不同意国家干预经济，而十分强调市场机制的积极作用。从广义上看，新自由主义还包括以弗里德曼为代表的货币学派、以卢卡斯为代表的理性预期学派，以及下一节要介绍的供给学派等。他们都崇尚市场经济的自发调节作用，批判凯恩斯主义提出的刺激需求和管理需求的论点。

弗里德里希·奥古斯特·冯·哈耶克

弗里德里希·奥古斯特·冯·哈耶克（Friedrich August von Hayek，1899—1992）是奥地利出生的英国知名经济学家和政治哲学家，以坚持自由市场资本主义，反对社会主义、凯恩斯主义和集体主义而著称，是新自由主义代表人物。1974 年，因其在货币政策和商业周期上的开创性研究，以及对经济、社会和制度互动影响的敏锐分析，与贡纳尔·默达尔一起获得诺贝尔经济学奖。代表作有《通往奴役之路》《个人主义与经济秩序》等。他在学术上属奥地利学派，但与芝加哥学派的许多代表人物关系密切。他对市场经济理论、市场机制的运行过程研究得十分深入、彻底。但极端的自由主义也令他贴上了“保守主义”“反理想主义”的标签。1991 年，哈耶克获颁美国总统自由勋章，以表扬其“终身的高瞻远瞩”。

莱昂内尔·罗宾斯

莱昂内尔·罗宾斯（Lionel Robbins，1898—1984）是英国当代著名经济学家，生于英国的米德尔塞克斯。1920～1923 年就读于伦敦经济学院，毕业后一直在伦敦经济学院工作。第二次世界大战期间，他担任过战时内阁办公室部门的负责人，1944 年还与凯恩斯一起代表英国出席了布雷顿森林会议。曾师从埃德温·坎南（Edwin Cannan，1861—1935）——伦敦学派的主要代表人物。1959 年被封为非世袭贵族，此后担任过许多公职。主要著作有《经济科学的性质和意义》《英国古典政治经济学的经济政策理论》《罗伯特—托伦斯与古典经济学的演变》《经济思想史中的经济发展理论》等。

二、新自由主义学派的主要理论和政策主张

新自由主义学派反对凯恩斯主义的国家干预理论及其宏观经济政策，主要是崇尚自由放任，让市场机制自发地发挥调节作用，以达到经济增长的目的。

(一)现代货币数量论

现代货币数量论与传统的货币数量论不同,包括货币中性论与货币自由论两部分,是对传统货币数量论的创新和发展。

1. 中性货币理论

哈耶克“中性货币”的含义是指货币对商品的相对价格不发生影响,不会引起相对价格的失衡,不会引起生产方向的误导,即货币对商品相对价格保持“中性”。货币保持“中性”有三个条件:第一,在货币交易系数和货币流通速度一定时,货币总流量保持不变。所谓“货币交易系数”,是指货物总流量与其中以货币成交的那一部分之间的比例。第二,一切价格随供求状况的变化而完全伸缩自如。第三,一切长期契约都建立在对未来价格变化的正确预测的基础上。

2. 自由货币理论

20 世纪 70 年代滞胀爆发,哈耶克提出了自由货币理论。所谓“自由货币”,是指由私人发行的竞争性货币,它与一国政府垄断发行的货币截然不同。由于政府是从自身利益而非社会利益出发来垄断货币发行权,加之政府行为不受任何力量的制约,因此,它必然会对社会的经济生活造成危害。

自由货币理论认为,市场就是一个巨大的信息传递工具。如果整个市场是有效的,它就会把所有的经济信息及时传递给每一个参与者,资源就会得到合理的配置和利用。但是,市场传递信息的作用要想充分发挥,就必须以健全货币的存在为前提。私人部门本来是可以自行提供这种健全货币的,然而国家对货币发行权的垄断抑制了市场机制作用的发挥,也使得市场信息无法及时传递,经济也就不可能正常运行。

哈耶克认为,货币只要能够成为被人们普遍接受的交换工具,并且具有稳定的价值,能够成为现金购买、延期支付的手段和可靠的核算单位,那么,无论由谁来提供,都可以成为通货。私营银行提供的竞争性货币将更能够成为稳定的良好货币,因为获得货币发行权的私营银行必定会小心谨慎,自行控制货币发行量,以维持通货的价值和自身的信誉,并承担过度发行的后果。由于私人发行机构之间存在竞争,因此,信誉不好的发行机构将会被淘汰,而信誉好的、谨慎从事的发行机构则能健康发展。这样就使整个银行体系以审慎的态度来对待货币发行,从而避免政府垄断的通病——通货膨胀。

(二)货币传递机制论

按照传统的货币数量论,$\frac{M}{P}=KY$,人们愿意持有的货币在实际收入中所占的比例 K 是固定不变的。当货币供应量增加时,人们愿意持有的货币数量也会同比例增加,以保持其购买力不变。所以,传统的货币数量论的传导机制是:货币供应量增加,人们便会用增多的货币来购买既定的产品,最后导致物价水平和名义收入同比例上升。凯恩斯主义货币传递机制认为,当货币供应量增加时,人们将以超过他自愿保持的货币数量去购买债券,结果债券的价格上升,即利息率下降,从而投资增加,并通过乘数作用使国民收入增加。

而“现代货币主义”学派认为,货币增加量可以直接影响支出、价格以及物质资产的收益，不仅限于金融资产。货币数量对实际经济产生影响的传导机制，是通过各种金融资产、实物资产、债务和耐用消费品的相对价格变化而起作用的。由于资产选择范围较广，货币数量增加后，人们会发现手头现金与其他资产的比例变化了，所以会调整其资产结构，这样就引起了资产价格上升，利息率下降。但是，随着物价的上升和企业贷款的增加，又会促使利息率上升。由此，"现代货币主义"者正是根据这一分析来反对凯恩斯主义的，认为依据利息率来制定货币政策，必然会导致失误。因为从长期看，货币供应量的增加并不会降低利息率，反而会使利息率上升，而为降低利息率再增加货币供应量，则会加剧通货膨胀。

(三)经济自由论

哈耶克从正反两个方面来论证他的经济自由主义理论。一方面，他阐述了自由竞争在效率上优于其他制度的根本原因；另一方面，通过批判集体主义从而反证经济自由主义的合理性。

1. 市场机制的合理性

社会资源要得到优化配置，就必须合理地利用每个社会成员的完备知识，而这些知识分散地存在于无数的个体中间，这就必然要求经济决策的分散化。每个微观经济主体都是有限理性的，他们的决策不可避免地存在偏差，这就需要信息能够在决策主体之间传递，而市场恰恰就是一个完美的传递信息的途径。

哈耶克认为国家是一个创立和维护有效竞争制度的参与者，应提供那些对社会有益，但由私人经营却得不偿失的服务。

2. 对集体主义的批判

在经济方面，哈耶克认为集体主义损害了市场机制的作用，因而它在经济上是低效的，会引起资源配置的浪费。

从技术上看，如果中央计划当局希望将有限的资源合理地配置到无数个相互冲突的利益主体上，就必须面对一个难题，即设法求解一个由上万个未知数组成的方程组，技术上难以达到。

在政治方面，哈耶克认为计划经济与民主政治是不相容的。要保持民主原则，就无法制订协调的全面计划；而要制订协调的全面计划，就不能指望由民主程序来实现它。

在法治方面，哈耶克认为集体主义与法治是不相容的。法治必须包含两层含义：第一，政府的一切活动必须受到事前规定并宣布的规章制度的约束，合法并不意味着法治。第二，法律面前必须人人平等，平等是指机会的平等，每一个人在市场竞争和其他场合都享有同样的参与机会、获胜机会和被挑选机会。

哈耶克认为，集体主义不可能实现法治有两个原因：第一，为了制订全面的经济计划并加以贯彻，就必须赋予计划当局随机做出决策的权力，而这种决策又必须具有法律的效力。结果就难以规范政府的行为，计划当局就可以不受以往规定的约束。第二，计划当局必须为不同的人规定不同的待遇，而不是单纯地为他们提供相同的机会。计划当局会权衡各个集团的利害，进行决策，这实际上是以法律形式掩盖人治。

在社会方面，集体主义破坏了个人自由。计划管理几乎涉及人们生活的各个方面，包括个人工作的性质、闲暇的利用等，经济的集中必定引起权力的滥用。由于计划不可能考虑到个人的好恶,因而剥夺了个人的选择自由。

三、现代货币主义的经济政策

现代货币主义的经济政策以货币数量论为理论基础,反对国家过多干预经济,认为经济自由是政策主张的基调,强调货币政策的重要作用。

弗里德曼把货币政策归结为三点:第一,货币政策能够防止货币成为经济混乱的根源。第二,货币政策能够给经济运行提供稳定的环境。第三,货币政策能够抵消其他原因引起的干扰。

米尔顿·弗里德曼

米尔顿·弗里德曼(Milton Friedman,1912—2006),美国当代经济学家、芝加哥大学教授、芝加哥经济学派代表人物、货币学派的代表人物。以研究宏观经济学、微观经济学、经济史、统计学,以及主张自由放任资本主义而闻名。因其在消费分析、货币供应理论和稳定政策等方面的贡献,1976 年获诺贝尔经济学奖。其著作《资本主义与自由》于 1962 年出版,提倡将政府的角色最小化,以便让自由市场更好地运作,以此维持政治和社会自由。他的政治哲学强调自由市场经济的优点,反对政府的干预。他的理论成为自由意志主义的主要经济根据之一,对 20 世纪 80 年代美国里根政府以及许多其他国家的经济政策都有极大影响。

现代货币主义的经济政策主要有以下几项:

(一)“单一规则”

现代货币主义者反对凯恩斯主义“相机抉择”的货币政策。弗里德曼认为,由于货币数量的变化对实际经济和通货膨胀的影响存在着“时滞”,政府在调节货币供应量时往往会造成经济波动更频繁。货币当局只需实行“单一规则”的货币政策,把控制货币供应量作为唯一政策工具,把货币供应量长期固定在同经济增长率基本一致的水平上,这样就可以避免经济的波动和通货膨胀。

(二)“收入指数化”

弗里德曼等现代货币主义者针对 20 世纪 70 年代西方各国的“滞胀”,提出了“收入指数化”的方案。认为应该将工资、债券收益和其他收入同消费物价指数紧密联系起来,使它们根据物价指数的变化而调整,这样可以消除通货膨胀带来的不公平,剥夺政府从通货膨胀中得到的收益和一些债券所有者所占的便宜。

(三)浮动汇率制

20 世纪 70 年代初资本主义各国普遍的通货膨胀,主要是因为固定汇率制造成的。因此,现代货币主义提出浮动汇率制。浮动汇率制是一种自动调节机制,有助于平衡国际贸易，减轻国际收支失衡对国内经济的不利影响，发展不受限制的多边贸易。

小链接

早在20世纪70年代，新自由主义思潮就传入拉美。进入80年代后，新自由主义思潮在拉美越来越流行。这与以下几个原因有关：拉美经济当时陷入了严重危机，只要能早日摆脱危机，拉美对各种“处方”的态度都比较开放；在80年代拉美国家“民主化”潮流中上台的“新一代领导人”多数在西方接受教育，比较容易接受新自由主义的市场经济理论；拉美学术界为新自由主义的传播发挥了重要作用。

拉美国家于20世纪80年代后期以来开展的经济改革取得了一定成绩，同时也带来了严重的问题。如今在拉美国家公开赞同新自由主义学说的政治家、经济家已寥寥无几，相反批评者众多。这些批评主要集中在以下几个方面：

第一，新自由主义经济政策使发展中国家过分依赖外资。联合国拉美经委会工业和技术开发部主任芭芭拉·斯塔琳斯等人指出，改革解决了一些老问题，但同时也造成了一些新问题。国有部门的投资效率低，外资与国内经济未能结成一体，其结果是贸易赤字扩大，越来越依靠外资。一旦外资撤离，经济就陷入困境。阿根廷20位宗教界人士致信阿根廷领导人指出，新自由主义政策“把我们拖进了没有希望的境地”。

第二，新自由主义造成财富分配不均。智利前总统帕特里西奥·艾尔文认为，新自由主义经济理论不能消除拉美日益严重的社会灾难，因为市场“常常是非常残酷的，它有利于最强势者，而加重最贫困者的贫穷”。新自由主义改革使财富空前集中，造成了越来越多平民的边缘化和贫困化现象。

第三，新自由主义缺乏有效的公共政策。墨西哥国立自治大学学者卡洛斯维拉指出，“新自由主义没有社会政策的地位，全靠市场统治一切”。在新自由主义模式中，“社会问题被看作是一个支出领域，‘社会发展’的概念让位于‘社会补偿’，充其量是补偿或缓解经济政策造成的后果”。政府大幅度削减公共开支，取消社会福利体系，从而失去了缓和社会矛盾的作用。

第四，从国际层面看，新自由主义由于缺乏经济、政治、社会和文化方面的计划，无法组织世界经济。非洲的悲剧、亚洲金融自由化的消极后果以及拉美的经济和金融动荡等，都是教训。

他们特别指出，新自由主义主张的核心是尽可能弱化国家的作用，主张市场对经济的绝对统治。新自由主义大谈“民族国家和国家主权失去意义”，要求发展中国家减少对经济的干预，把有关主权让位给国际货币基金组织和世界银行等国际金融机构。新自由主义貌似推行市场自由化，实质上是图谋让强国担负起组织和管理世界经济的任务，阻止弱国拥有保护自己市场的机制和手段，保证其企业对弱国市场进行控制。很多发展中国家特别是拉美国家“虔诚而认真地弱化国家”，已经造成了严重的后果。

拉美国家的学者提出，世界经济目前存在的矛盾和问题是与新自由主义的理论主张和政策密切相关的。市场自由化和减少国家对经济特别是对金融部门的控制，没有趋向于一个更加自由的市场，相反却促进了市场特别是世界金融市场的垄断化。其结果是穷国被迫服从于富国的经济利益，成为后者资本扩张的牺牲品。

第三节 供给学派

供给学派是20世纪70年代后期在美国兴起的，它反对凯恩斯主义的有效需求理论及其政策主张，强调把注意力放在供给方面，即强调提高生产效率，主张刺激储蓄、投资和工作的积极性，让市场机制更多地自行调节经济。

一、供给学派的产生背景

20世纪70年代，西方国家普遍出现了经济“滞胀”的现象。面对这种局面，凯恩斯主义无法对其做出合理的解释。在此情况下，供给学派应运而生。供给学派认为，当今美国的经济与凯恩斯当时的大萧条情况不同，需求的增长不一定会造成产量的增长，而只能增加货币数量、促进物价上涨，结果反而引起储蓄率和投资率的下降、技术变革的延缓。供给学派正是在批判凯恩斯有效需求理论和否定凯恩斯主义的需求管理政策的基础上，来复兴古典经济学的“萨伊定律”，从而提出供给管理的政策主张。

二、供给学派的主要观点及政策主张

罗伯特·蒙代尔

罗伯特·蒙代尔(Robert A. Mundell,1932—),1932年12月出生于加拿大安大略省,1999年诺贝尔经济学奖获得者,“最优货币区理论”的奠基人,被誉为“欧元之父”。

蒙代尔毕业于不列颠哥伦比亚大学和华盛顿大学,后在伦敦经济学院读研究生,1956年获麻省理工学院经济学博士学位。1966～1971年,出任芝加哥大学经济学讲座教授及《政治经济学杂志》(*Journal of Political Economy*)编辑。1974年,出任哥伦比亚大学经济学讲座教授,2001年升任为大学讲座教授。2009年9月,出任香港中文大学博文讲座教授。

蒙代尔教授获超过50所大学颁授的荣誉教授和荣誉博士头衔,亦曾担任多个国际机构及组织的顾问,包括联合国、国际货币基金会、世界银行、欧洲委员会、美国联邦储备局、美国财政部等。

供给学派的主要代表人物有阿瑟·贝茨·拉弗、保罗·克雷·罗伯茨、罗伯特·蒙代尔等人，他们的主要观点和政策主张表现在以下几个方面：

(一)萨伊定律

萨伊认为，用来购买产品的手段“由同样是劳动、资本、土地的果实的其他产品组成”，因此得出“生产创造需求”的结论。在工商业中，“一个商业部门如果生意兴隆，它便提供更多的购买手段，给其他部门的产品开辟更大的销路；反之，一门商业或一门工业如果不景气，一切其他商业或工业部门都必受它的影响”，因而是生产决定了消费。

让·巴蒂斯特·萨伊

让·巴蒂斯特·萨伊(Jean Baptiste Say，1767—1832)，法国经济学家，古典自由主义者。他是继亚当·斯密、大卫·李嘉图古典经济学派兴起之后的又一位经济学伟人，是19世纪初欧洲大陆最重要的经济学家之一，他使亚当·斯密的经济学说通俗化和系统化。他建立了经济学的“三分法”，把经济学划分为财富的生产、财富的分配和财富的消费三部分。同时，萨伊提出效用价值论、销售论、三分法等，发展了亚当·斯密等人的古典经济学中的“庸俗”成分，成为早期“庸俗经济学”的代表人物。

萨伊还认为，“由于某些货物生产过少，别的货物才形成过剩”。除非某些特殊事件，否则，一种产品供给不足而另一种产品供给过剩的现象不会永久存在，总供给和总需求一定相等，因为总需求只是已经生产出来的商品总量。萨伊定律成为供给学派的理论基础，为他们的供给管理政策提供理论支持。

(二)税收政策的影响

供给学派认为正是美国日益增加的税收和政府开支，严重挫伤了储蓄和投资以及工作的积极性，从而导致供给不足、通货膨胀和经济停滞。他们从以下几个方面加以分析：

(1)高税率(特别是过高的边际税率)是妨碍美国人工作积极性和造成劳动生产率下降的重要原因。如果企业主是一个边际生产者，税率的提高将使他停产或进行较小规模的生产，社会就将失去这个企业的全部或部分产品。当边际税率很高时，多劳动所得的收入需要按照更高的税率纳税，也就使休闲的价格降低了。休闲变得相对有利，这是导致美国工厂出勤率和劳动生产率下降的重要原因。

(2)高税率导致美国储蓄和投资供给不足，经济增长停滞。首先，由于边际税率越高，用于消费的价格就越便宜，用于投资和储蓄的价格相对提高，人们将多消费、少储蓄和投资。其次，由于很高的边际税率，大多数美国家庭靠单一劳动力的收入已经很难维持生活，这使广大妇女和临时工等非熟练工加入劳动大军之中。公司不是把钱用在购买耐用机器设备上，而是倾向于雇用一些低薪工人，导致维持高生产率的投资严重不足。

(3)大规模的福利支出，导致整个美国生产率和生活水平的下降。税收降低了富人的收入，就会减少他们的投资；而把资金给予穷人，就会减轻他们的工作压力、降低劳动生产率。所以，只有通过大幅度减税、刺激储蓄、提高投资率、增加产量，才能摆脱这种困境。

(4)过高的边际税率使投资者的革新、发明、创造精神丧失殆尽，这是美国经济增长和社会进步的一大危害。

(三)拉弗曲线

著名的"拉弗曲线"是为了说明税率和税收之间的关系,以及减税在刺激经济增长中的作用,它成为供给学派解释减税的理论依据。"拉弗曲线"说明,总是存在能产生同样收益的两种税率。如果税率为零,则政府收入为零。但是,当税率为100%时,由于人们全部收入都会被政府以税收的形式拿走,他们就不再愿意工作和从事经济活动了。这时,即便税率是100%,但由于没有供征税的收入,政府的收入也是零。由此可见,税率必须保持在0~100%之间,政府才能获得收入。此外,当税率处于一个特定区域时,随着税率的增加,政府的收入也会增加;但是,当税率超过这一区域,进入更高的区域时,随着税率的增加,政府的收入反而会减少。

阿瑟·贝茨·拉弗

阿瑟·贝茨·拉弗(Arthur Betz Laffer,1941—),美国经济学家,供给学派代表人物,南加州大学教授,在尼克松政府时期曾担任行政管理和预算局的经济学家。拉弗以其描述税收与税率之间关系的曲线即"拉弗曲线"而著称于世,并当上了里根总统的经济顾问,为里根政府推行减税政策出谋划策。由于"拉弗曲线"对税收政策影响经济的解释更形象、更公式化,因此确立了其作为供给学派思想精髓的地位。

小链接

由于美国时任总统里根对"供给学派"的重要人物及其支持者委以经济要职,并宣称以供给经济学为主要理论依据来制定美国的"经济复兴计划",因此,从某种意义上讲,里根经济学就是供给经济学的实践表现。

1979年年初,国会联合经济委员会的年度报告表示赞同供给学派的经济政策,这就使得曾经受到卡特总统阻挠的供给学派以强有力的姿态重新崛起了。里根在竞选时就接受了供给学派的思想,而"共和党权势集团"担心自己被供给学派新人取代,他们利用里根对平衡预算的重视,企图用紧缩手段平衡预算,以此压制里根的新经济政策,这就埋下了供给学派被歪曲和里根经济学失败的"种子"。

1981年1月,里根就职后的第一个经济报告只提及减税,而未提及供给学派对减税目的的解释,这容易使人用凯恩斯主义来解释减税:通过刺激需求来对付经济的萧条。考虑到政治的影响,减税被推迟了,而在减税之前,联邦储备委员会过激的货币紧缩政策已经造成了经济衰退。人们把衰退和随之增长的赤字,看作是供给学派经济学的第一次失败,并开始反对减税。

1981年8月13日,里根签署了税收法案,这是里根经济政策的胜利,也是供给学派的胜利。然而，甚至在税收法案签署之前，一场要求增税的运动已经开始，戴维·斯托克曼领导的行政管理和预算局，开始把联邦储备委员会使用货币政策引起经济衰退而产生的大量预算赤字，归咎于总统的财政政策。他们反对减税的理由是赤字和高利率的因果关系：低通货膨胀降低了国民生产总值(税收基数)，扩大了赤字，高赤字意味着高通货膨胀。因此，反通货膨胀的货币政策只能导致经济的不断衰退、更高的通货膨胀以及持续上升的利率；所以，当经济进入衰退时，政府要么削减预算，要么增加税收，也就是实行紧缩政策。里根政府最初打算通过经济增长来平衡预算，斯托克曼却一步步地把政策转向共和党的传统模式：通过增税来平衡预算。

1982 年 8 月 15 日，参众两院联席会议通过了 983 亿美元的增税议案之后，政府和总统本人解释说，这一税收议案不会放弃里根经济学，而且这一步是方向正确的，是国家经济政策"恢复理智和公正"的唯一机会。这是美国历史上最大规模的增税，也是侵蚀减税计划的重要步骤。

第四节 新制度学派

从 19 世纪末到 20 世纪 30 年代，这是以凡勃伦为代表的制度学派的形成时期。凡勃伦创立了一套完整的理论体系，形成了以后制度经济学家都遵循的"凡勃伦传统"，这样就为制度经济学奠定了基础。早期制度学派的代表人物还有约翰·R. 康芒斯和密契尔。

托斯丹·邦德·凡勃伦

托斯丹·邦德·凡勃伦(Thorstein B. Veble，1857—1929)生于威斯康星州一个挪威移民的农业社区，伟大的美国经济学巨匠、制度经济学鼻祖。凡勃伦是作为一个辛辣的社会批评家而为一般公众所熟知的，他的这一风格的代表作是《有闲阶级论》一书。但从职业上说，他是个经济学家，是《政治经济学杂志》第一主编，并在经济学的方法论问题上有广泛著述。

几十年来的一个重要学派——制度经济学，是凡勃伦和约翰·R. 康芒斯(John R. Commons)创立的，韦斯利·克莱尔(Wesley Clair)、约翰·莫里斯·克拉克(John Maurice Clark)是后来的追随者。

20 世纪三四十年代，制度学派一度消沉。直到 50 年代，加尔布雷斯为制度学派重整旗鼓，被称为新制度主义。这一时期，一方面是科学技术日新月异；另一方面是经济、社会问题日益严重。在经济学界占统治地位的凯恩斯主义无视制度问题，不考虑技术进步对制度演化的作用，不能对资本主义社会所存在的问题做出令人信服的解释和提出有效的解决办法。这样，制度学派再度活跃起来，形成了以加尔布雷斯为首的新制度学派。其追随者有鲍尔丁、瓦尔德、海尔布罗纳，以及萨缪尔森。

一、二元经济论

加尔布雷斯的二元体系理论从权力的分配入手,对现代资本主义经济的结构进行了分析。加尔布雷斯认为,当前的美国社会是一个充满了矛盾与冲突的社会,其根源在于权力分配的不平衡;而这种权力分配不平衡的根源,又在于当代资本主义社会的结构是二元体系。

现代美国的资本主义经济并不是单一的模式,而是由两个体系构成。一部分是有组织的经济,即由 1 000 家左右大公司所组成的计划体系;另一部分是分散的经济,即由 1 200 万个小企业和个体经营者所组成的市场体系。在计划体系中,生产者主权代替了消费者主权,市场调节的作用已让位于计划原则。另一方面,某些行业仍然存在着许多分散、弱小的经济单位,在这部分经济中,市场原则仍然在发挥作用,所以称之为市场体系。

加尔布雷斯指出,权力应该归于掌握了最难获得或最难替代的生产要素的人。在不同的历史阶段,有不同的最难获得而又最难替代的生产要素,谁掌握了这种生产要素的供给,谁就拥有权力。现代社会由于技术的迅速进步、资本的供给日益丰裕,而工业和技术发展所需要的专门知识越来越复杂,专门知识成了企业成功与否的决定性生产要素。这样,拥有这些专门知识的技术阶层就掌握了权力。造成技术阶层掌权的原因:一是随着公司规模的扩大,需要做出的决定越来越多,性质也越来越复杂。结果是,专家组合对所需知识越来越具有垄断性,其权力也越来越大。二是随着公司范围的扩大,股份的持有者越来越分散,这种股东权力的削弱加强了技术阶层掌权的趋势。

随着公司权力的转移,公司内部的关系发生了变化。现在最关心公司前途的不再是股东,而是掌权的技术阶层,他们的利益与公司的兴衰是紧密相关的。其次忠于公司的是工人,因为公司经营的好坏对他们的生活与前途关系甚大。最不忠于公司的是股东,因为如果公司衰落,他们就会卖出股票。

公司内部关系的变化使得公司目标也发生相应变化。这种变化主要表现在:第一,技术阶层不再把追求最大利润作为公司的目标。这是因为,从最大利润中能得到最大好处的是股东,而技术阶层却要为此承担风险。他们只要使公司得到适当的利润,不致使股东们卖掉股票就可以了。第二,技术阶层的主要目标是稳定和增长。稳定是公司保持一个可靠的收入水平,增长是公司保持尽可能高的增长率。因为稳定可以防止股东们卖出股票,而增长不仅能增加技术阶层的收入,而且会使公司规模扩大,使技术阶层的权力增加,劳资关系可以得到协调。第三,技术阶层追求在科学技术方面的成就。因为这不仅是技术阶层的兴趣所在,还是实现稳定与增长的条件。第四,技术阶层还要尽量增加公司内部的积累,以便摆脱银行界的控制。

大公司在经济中拥有许多权力,使它在二元体系中处于优越的地位。公司所拥有的权力主要是:第一,有控制产品和原料价格的权力。公司可以抬高产品售价,又可以压低原料的买价。第二,有控制产品销售量的权力。第三,有控制资本来源的权力。大公司可以依靠自己内部的积累来提供资本,从而摆脱银行和金融界的控制。第四,有影响和控制政府的权力。

另一方面,在市场体系中的小企业却处于不利的地位。这主要在于:第一,生产者难以影响消费者,仍然是消费者主权;第二,受银行和金融界的控制;第三,不能对政府施加影响来达到自己的目的;第四,缺乏进行技术革新的资金与力量;第五,雇主在同工会打交道时,处于不利的地位;第六,市场体系中的小企业主们难以形成一股力量。

这种二元体系的后果是:首先,这两个体系的不平等造成了人们收入的不平等,即计划体系剥削市场体系。这是因为计划体系中的大公司控制了价格,在通货膨胀的情况之下,市场体系遭受的损失更大。政府采取的反通货膨胀措施都只是对市场体系不利,如减少公共支出不会减少向计划体系的国防订货,只会减少对市场体系有影响的福利、服务等方面的支出;提高利息率或减少贷款不会影响主要依靠内部积累的大公司,而会影响受银行与金融市场支配的小企业;至于增加税收,大公司可把它们转移出去,而小企业做不到这一点。其次,造成了社会经济发展的不平衡。计划体系中的生产,如汽车、军工、钢铁等部门发展过快,而这些部门的发展同社会福利关系不大。相反,市场体系中的生产,如城市服务、卫生保健、交通设施等部门却发展缓慢。所以说,二元体系及其引起的收入与经济发展的不平衡是产生资本主义社会问题的根源。

加尔布雷斯还用二元体系来解释当前的滞胀问题。在计划体系中掌权的技术阶层为了实现稳定与增长、避免由于工人罢工所造成的损失,往往同意工会提出的增加工资的要求,然后把工资的增加转嫁给市场与消费者。物价上升、生活费用提高又引起下一轮工资和物价的上升。市场体系中的小企业无力控制自己产品的价格,但这一体系中的工会仍然要向计划体系中的工资水平看齐。这种通货膨胀是由于竞相提高收入的压力所引起的,而政府却用抑制总需求的财政政策与货币政策来对付通货膨胀,其结果是压缩了产量,引起了更多的失业,而大公司并不会降低价格,通货膨胀无法得到制止。于是,就形成了失业与通货膨胀并存的滞胀局面。

二、"新社会主义"设想

加尔布雷斯认为,要解决当前资本主义社会的问题,必须进行结构改革,改变二元体系的不平等状况。要把人们的思想从流行的经济学教义的束缚之下解放出来。因为传统的经济学教义认为商品生产得越多,经济越是增长,就越能给人们带来幸福,而计划体系的目标正是经济增长,所以就被认为与公众的目标相一致。如果不改变这种观念,就无法改变两个体系的不平等地位。

加尔布雷斯

加尔布雷斯(John Kenneth Galbraith,1908—2006)是美国的著名经济学家,新制度学派的主要代表人物。出生于加拿大安大略省,1930年获安大略农学院(现加拿大圭尔夫大学)学士学位,1933年获加利福尼亚大学硕士学位,1934年获哲学博士学位。先后在加利福尼亚大学、哈佛大学、普林斯顿大学任教。曾任美国价格管理局局长助理、民主党顾问委员会经济顾问委员会主席。第二次世界大战后,担任过印度、巴基斯坦和斯里兰卡政府顾问。1961~1963年任美国驻印度大使。1972年被选为美国经济学会会长。著有《美国资本主义:抗衡力量的概念》《1920年大崩盘》《丰裕社会》《经济发展》《新工业国》《经济学、和平与欢笑》《经济学和公共目标》《不确定的年代》等。

对于如何改革结构的问题,加尔布雷斯提出了一些具体建议,主要是:第一,改革计划体系和市场体系之间的关系,实现权力均等化。通过增加市场体系的权力或减少计划体系的权力,使两个体系对价格有同等的控制权,使两个体系的贸易条件相同。第二,通过政府的法律和经济措施来提高市场体系的权力。政府的价格管制不应当用于市场体系,而应当用财政手段来帮助小企业稳定价格,实行保护贸易政策,保护市场体系的生产;政府支持市场体系在教育、资本和技术方面的要求等。第三,通过政府的法律和经济措施来限制计划体系的权力。例如,政府应限制计划体系对公共目标的侵害;政府应对大公司实行价格管制,限制它们利用市场的波动来损害小企业和消费者的利益。第四,对两个体系中的工人也应采取收入均等化的措施,如鼓励市场体系中的工人成立工会、提高最低工资的水平、扩大最低工资实施的范围等。

加尔布雷斯指出,实现结构改革的重任落到了科学教育界的身上。结构改革的主要任务正是要限制计划体系过于膨胀的权力。在当前,能与技术阶层对抗的只有科学教育界。科学教育界向企业提供技术人员和科研成果,所以它就可以通过对人才的培养或其他影响来实现结构改革。这样,科学教育界就成为一支强大的社会革新力量。

练习题

1. 简述新古典综合派的主要理论。
2. 简述新自由主义经济学派产生的背景及其代表人物。
3. 简述供给学派的主要观点及政策主张。
4. 简述二元经济论的主要内容。

练习题参考答案

绪 论

1. 当一定的经济资源由于用于生产这种产品，因而放弃生产其他产品可能取得的最大收益，就是生产这种产品的机会成本。

生产可能性曲线表明在既定的经济资源和生产条件下，所能达到的各种产品最大产量的组合。

2. 在计划经济中，政府用统一的计划来解决资源配置和利用问题。产品的数量、品种和价格，经济增长和产品分配等均由政府部门的指令性计划来决定，因此被称为“看得见的手”。

在市场经济中，人们追求各自的利益，却往往能更有效地促进社会利益的增加，市场机制是解决资源优化配置和增进社会福利的有效机制。因此，亚当・斯密认为，市场是一只“看不见的手”。

3. 区别：它们的区别首先源于研究对象上的差别。微观经济学研究社会中经济个体包括消费者、生产者（厂商）和生产要素所有者的行为，阐述经济个体为什么和怎样做出经济决策的学问。宏观经济学则是以社会的经济总量及其变化规律为研究对象，如国民生产总值及其增长率、通货膨胀、失业率、宏观经济政策等。

联系：微观经济与宏观经济并不是完全分离的，它们之间存在着相互依存、相互补充的关系。微观经济是宏观经济的前提和基础，宏观经济是微观经济的外部环境和制约因素。

4. 经济学的基本研究方法包括：

(1)实证分析与规范分析；

(2)均衡概念与均衡分析；

(3)静态分析、比较静态分析和动态分析。

第一章

一、名词解释

1. 相对于人的无穷欲望而言，“经济物品”以及生产这些物品的资源总是不足的，这就是稀缺性。

2. 在现实生活中，假定影响需求的其他因素不变，当某种商品的价格下降时，消费者对这种商品的需求量就会增加；反之，就会减少。我们把这种需求量与商品价格呈反向变化的必然性，称为需求规律。

3. 商品的供给量与其价格之间的正向依存关系。由于价格上升，会使利润增加，因而刺激供给增加；当商品的价格下降时，会使利润减少，企业提供的产品数量就会减少。

4. 商品的需求量与供给量相等时的市场价格。

5. 需求的价格弹性简称需求弹性。需求弹性表示商品价格变化引起需求量变化的程度，它等于需求量变化的比率与价格变化的比率之比。

二、单项选择题

1. C　2. C　3. D　4. A　5. D　6. A　7. D　8. C　9. A　10. C

三、思考题

1. 当市场价格高于均衡价格时,出现超额供给;当市场价格低于均衡价格时,出现市场短缺。当供过于求时,会促使价格下降;当供不应求时,会促使价格上升。因此,随着供求关系的变动,市场价格会逐渐趋向均衡价格。在纯粹的竞争性市场中,均衡是一种必然的趋势。通过市场供求的自发调节,形成相对稳定的均衡价格。

例如,当牛奶的价格上升时,牛奶商则会扩大生产,增加供给量,出现了供过于求的现状,从而牛奶的价格又会下降;这时,牛奶商则会减少生产,供给量减少,又出现了供不应求的现状,牛奶的价格又会上升。因此,随着供求关系的变动,市场价格会逐渐趋向均衡价格。

2. 当某种商品出现市场繁荣时,规定支持价格;当某种商品出现市场疲软时,规定限制价格,并通过税收来影响企业与行业的发展。限制价格是指政府为了保证人们对某些产品的需求,而对它们规定的低于均衡价格的最高价格。

第二章

一、名词解释

1. 在其他条件不变的情况下,一种商品的边际效用会随着消费数量的增加而减少,边际效用可降到零,甚至是负数,这就是边际效用递减。

2. 消费者消费不同组合的两种商品而取得相同的总效用的轨迹。

3. 吉芬商品是特殊的劣等商品。因为当其价格下跌时,尽管替代效应为正值,收入效应为负值,但由于消费者对其主观评价极差,收入效应的绝对值大于替代效应的绝对值,结果仍然是购买量下降;相反,当其价格上升时,尽管替代效应为负值,但由于消费者收入极低,不可能购买其他商品,因而对这种商品的需求量反而增大,使收入效应大于替代效应,如遇到饥荒时,劣质食品的价格上升,同时需求量增加,我们把具有这种特点的劣等商品称为吉芬商品。

4. 由于商品的价格变化,消费者增加购买跌价商品,同时减少购买涨价或相对涨价的商品,从而使总效用水平不变,这种现象称为替代效应。

5. 表示在既定收入和价格的前提下,消费者可以最大限度地购买两种商品的变动轨迹。

6. 消费者均衡主要表现在以下两个方面:

(1)替代效应,即由于商品的价格变化,消费者增加购买跌价商品,同时减少购买涨价或相对涨价的商品,从而使总效用水平不变。

(2)收入效应,即在商品价格不变的前提下,单纯提高或降低收入水平,从而导致购买的商品数量及其总效用水平发生相应的变化。

二、单项选择题

1. A 2. C 3. C 4. B 5. D 6. A 7. B 8. D

三、简答题

1. 若咖啡作为正常商品,其替代效应为正值,即当价格下跌时,消费者会通过增加对咖啡的购买,来代替其他价格未变的商品;其收入效应也为正值,当价格下跌,在收入不变的条件下,消费者能增加对咖啡的购买,即表现为实际收入的提高。

若咖啡作为高档商品,其替代效应为负值,即当价格下跌时,消费者会减少对咖啡的购买;其收入效应为正值,即当收入增加时,消费者会增加对咖啡的购买。

2. 恩格尔系数是指用于食品的支出总额占支出总额的比重。

若为正常品,当收入增加时,表明商品的实际价格下跌,消费者会增加该商品的需求量,其收入效应为正值;若为高档品,当收入增加时,该商品的需求量会增加,其收入效应为正值;

若为劣等品，当收入增加时，消费者会去购买更好的商品，使该商品的需求量会减少，收取效应为负值；若为吉芬商品，当收入增加时，由于消费者对其主观评价极差，所以该商品的需求量会减少，收入效应为负值。

第三章

一、名词解释

1. 指厂商在生产过程中投入的自己拥有的生产要素的总价格。

2. 收益与会计成本的差值，也即总收益减去显性成本的差值，会计利润一般比经济利润高。

3. 指企业通过扩大经营范围、增加产品种类而引起的单位成本降低和收益提高。

4. 指在生产技术不变的条件下，若其他投入不变而不断增加某一种投入，则这种变动投入的边际产量开始是增加的，但只要这种变动要素投入增加到一定程度，其边际产量就会逐渐减少。

5. 等产量线也称等生产线，是生产技术不变条件下生产出相同产量的两种生产要素不同组合描述出来的轨迹。

6. 等成本线是指在生产要素价格不变的前提下，用等量的成本所购买的不同生产要素组合所形成的曲线。

7. 指由于生产规模的扩大而引起的产品平均成本的降低。

二、判断题

1.× 2.× 3.× 4.√ 5.√ 6.√ 7.× 8.× 9.× 10.×

三、简答题

1. 边际生产力递减规律也称边际产量递减规律或边际收益递减规律，它是指在生产技术不变的条件下，若其他投入不变而不断增加某一种投入，则这种变动投入的边际产量开始是增加的，但只要这种变动要素投入增加到一定程度，其边际产量就会逐渐减少。

这是因为在开始投入可变要素时，相对于不变的生产要素而言，可变的生产要素投入不足，增加可变投入能使固定生产要素更好地发挥作用，因而所增加的产量也在增加，即边际产量在增加。但随着可变投入的不断增加，固定生产要素变得相对不足，从而对可变要素发挥作用形成制约。这样，增加可变要素投入所带来的产量增量会越来越小，出现边际产量递减。

2. 等产量线有以下特点：

(1)在同一坐标上，等产量线可以有无数条，每一条代表一个产量，而且距离原点越远的等产量线所代表的产量水平越高。

(2)任何两条等产量线不能相交。否则，交点就对应了两个不同的产量水平，这与等产量线的性质产生矛盾。

(3)等产量线向右下方倾斜且凸向原点。这表明在同一等产量线上一种要素投入的增加或减少必定有另一种要素的减少或增加来平衡，而且这种要素之间替代的比例逐渐减小，即增加一单位 L 可以替代的 K 的数量越来越少。

等成本线的特点：

(1)在同一坐标上，等成本线可以有无数条，每一条代表一个成本，而且距离原点越远的等产量线所代表的成本越高。

(2)任何两条等成本线不能相交。否则，交点就对应了两个不同的成本，这与等成本线的性质产生矛盾。

(3)等成本线向右下方倾斜且凸向原点。这表明在同一等成本线上一种生产要素投入的增加或减少必定有另一种生产要素的减少或增加来平衡，而且这种要素之间替代的比例逐渐减小，即增加一单位 L 可以

替代的 K 的数量越来越少。

等产量线和等成本线的差异:根据等产量线与等成本线的性质,既定等成本线与尽可能高的等产量线的切点表示成本既定条件下的产量最大化,既定等产量线与尽可能低的等成本线相切,切点表示产量既定条件下的成本最小化。这便是生产者均衡或者说投入要素最优组合的条件,即每一单位成本所购买的生产要素所得到的边际产量都相等。如果资本边际产量与其价格之比大于劳动边际产量与其价格之比,表明增加一单位资本投入所带来的产量增加比较大,理性的厂商一定会选择增加资本的投入;反之,则会增加劳动的投入,直到满足上述最优组合条件为止。

3. 短期生产线特征:在短期内,企业只能调整部分生产要素,即只有一部分生产要素如劳动投入量及原材料数量是可变的,另一些生产要素如设备、厂房、高级管理人才等不能变动,厂商虽然可以调整产量,但产量的变化不会太大。例如,生产函数,边际收益递减函数。

长期生产线特征:在长期内,企业可以调整所有生产要素,一切生产要素都是可以变动的,厂商的产量变动可能较大。例如,等产量线,等成本线。

二者的差异形成的原因:生产要素的可变性。

第四章

一、名词解释

1. 完全竞争市场是所有市场结构中的一个极端,有以下几个特征:①竞争者无数,②产品无差异,③要素自由流动,④完全信息。

2. 与完全竞争市场完全相反,有以下几个特征:①厂商就是行业,产品无法替代;②根据利润最大化的原则,厂商可以自主制定价格和销售量;③行业中存在进入壁垒,使得其他行业中的厂商难以进入该行业。

3. 假定厂商总是根据利润最大化原则确定产量,即 $MC=MR=P$ 时。如果产品的价格 P 大于它的平均成本 AC,厂商在这一产量下可获得经济利润,即超额利润。

4. 在完全竞争市场上,厂商无法对市场价格产生任何影响,而只能根据市场均衡价格调整产量。

5. 在长期中,厂商可根据市场需求变化而调整生产规模,厂商也有时间进入或退出该行业,即一个行业在长期中可通过两种方式进行调整:①行业中厂商数量的变动,②原有厂商经营规模的变动。

6. 政府为了保证价格相对公正和保护消费者利益,往往会对垄断厂商实施价格管制。价格管制的办法主要有两种:①边际成本定价法,②平均成本定价法。

二、单项选择题

1.C 2.A 3.C 4.C 5.A 6.D 7.D 8.B

三、计算题

(1)

利润极大时,产量、价格和利润分别为:

$Q=40, P=70, TV=1\ 600$

(2)

售价 $P=55$ 时,垄断者提供的产量和赚得的利润分别为:

$Q=70, TV=700$

(3)

假设政府限定国内最高售价为:$P=50$,垄断者会提供的产量和利润分别为:

$Q=80, TV=0$

国内市场会出现超额需求引起的短缺。

第五章

一、名词解释

1. 垄断竞争市场是以竞争为主的市场，垄断处于次要地位。垄断竞争市场的特征：厂商众多，互不依存，产品差别，进出容易。垄断竞争市场是介于完全竞争与完全垄断之间，但相对更接近于完全竞争的一种市场类型。

2. 垄断竞争厂商产品之间的替代性，使得厂商的价格控制能力有限。因此厂商一般不轻易使用价格竞争，而侧重于品质、营销等非价格竞争。

3. 指生产某种商品的若干工业企业，为垄断某一特定市场而组成的企业联合。各成员企业主要靠共同遵守所缔结的协议而享受高额利润，协议的对象一般是商品的价格或是生产及销售的数量，各成员企业在经济上和法律上都是独立的。

4. 指晴雨表型厂商首先宣布能够准确反映行业成本和需求变化的价格，其他厂商则按此进行调整。

5. 在估计的平均成本的基础上，加上厂商所期望的一个平均利润的定价方法。

6. 寡头垄断市场又称寡头市场，是介于垄断竞争与完全垄断之间的一种市场类型，也是现实中较为常见的市场状态。

7. 指在价格竞争之外，在产品品种、质量和服务等方面的竞争，是未来竞争手段的主要方式。

二、单项选择题

1. D　2. C　3. D　4. C　5. D

三、简答题

1. 在垄断竞争市场上，既有一定的垄断因素，又有一定的竞争因素，正因为如此，垄断竞争厂商的需求曲线向右下方倾斜，且比较平坦。单个垄断竞争厂商的需求曲线有两条：d 需求曲线和 D 需求曲线。d 需求曲线代表主观的需求曲线，它表示单个垄断竞争厂商单独改变产品价格时所预期的产量，其需求的价格弹性相对较大，故 d 需求曲线也相对更平坦一些；D 需求曲线代表实际的需求份额曲线，它表示行业内所有厂商都以相同方式改变价格时，单个垄断竞争厂商在每一价格水平实际所面临的市场需求量，其需求的价格弹性相对较小，故 D 需求曲线也就相对陡峭一些。可见，d 需求曲线和 D 需求曲线相交表示每个垄断竞争厂商预期提供的产量与市场对它的实际需求份额相吻合，这便意味着整个垄断竞争市场处于供求相等的均衡状态。

2. 支配型价格领导是指销售量比重较大、地位稳固、具有支配力量的大厂商，根据自己利润最大化的需要和其他厂商希望销售的产量确定和变动价格，其他中小厂商则根据这一价格确定均衡产量。在一个有支配厂商的价格领导模型中，除支配厂商外，其他所有厂商的行为都像完全竞争市场中厂商的行为一样。

第六章

一、名词解释

1. 由于商品的价格变化，消费者增加购买跌价商品，同时减少购买涨价或相对涨价的商品，从而使总效用水平不变，这种现象称为替代效应。

2. 在商品价格不变的前提下，单纯提高或降低收入水平，从而导致购买的商品数量及其总效用水平发生相应的变化，这种现象称为收入效应。

3. 不同级别的土地与同一用途的最劣土地之间的地租差额。

4. 对供给量暂时固定不变的生产要素的支付，即固定生产要素的收益。

二、判断题

1. ×　2. ×　3. √　4. ×　5. ×　6. √　7. √　8. ×　9. ×

第七章

一、名词解释

1. GDP平减指数是一种重要的价格指数,以所有产品和劳务的价格为基础,能够全面地反映基期与当期之间发生的一般物价水平的变化。

2. 衡量宏观经济总体水平的重要指标,其定义为一个国家或地区在一段时期内(通常指一年)生产的所有最终产品和劳务的市场价值总和。

3. 最为常用的价格指数,用以衡量居民日常消费的产品和劳务的价格水平变化。

4. 失业人数占劳动人口的比率。

5. 劳动人口占劳动年龄人口的比率。

6. 政府部门做出的、购买各种产品和劳务的支出。

7. 由家庭或者企业做出的、增加新资本或者更换已有资本的支出。

8. 通过加总一年内所有最终产品和劳务的支出,得到当年新增产品和劳务的总价值。

9. 到达消费者手中不再用来生产的产品。

10. 某个产品还被用来生产其他产品或者提供其他劳务。

二、判断题

1. × 2. × 3. √ 4. √ 5. × 6. √ 7. √ 8. × 9. × 10. × 11. × 12. √

三、计算题

1.

(1)国民生产净值=国民生产总值-折旧=国民生产总值-(总投资-净投资)

=5 000-(800-500)

=4 700(亿元)

(2)净出口=国民生产总值-(消费+投资+政府购买)

=5 000-(3 000+800+960)

=240(亿元)

(3)净税收=政府预算盈余+政府购买

=30+960

=990(亿元)

(4)个人可支配收入=国民生产净值-净税收

=4 700-990

=3 710(亿元)

(5)个人储蓄=个人可支配收入-消费

=3 710-3 000

=710(亿元)

2.

(1)

A的价值增加为:5 000-3 000=2 000

B的价值增加为:500-200=300

C的价值增加为:6 000-2 000=4 000

合计价值增加为:2 000+300+4 000=6 300

(2)

最终 GDP＝2 800＋500＋4 000＝6 300，

式中：2 800，500，4 000 分别为 A、B、C 卖给消费者的最终产品。

(3)

国民收入为：6 300－500＝5 800

第八章

一、名词解释

1. 总体经济处于相对稳定的状态，这种稳定关系是宏观经济变量相互作用的结果。

2. 国民经济中对各种产品和劳务的有效需求之和。有效需求指既有需求的愿望，也有相应的支付能力。

3. 消费不仅与自己收入有关，而且与周围人的收入和消费有关。

4. 收入每增加 1 元所带来的储蓄增加量。

5. 人们站在长期的角度来做消费和储蓄决策的，不希望一生中消费水平出现大幅度的变化，而应是比较稳定、平滑的，把一生中所有的财富平均地分配到各个时期。

6. 消费水平与当期收入无关，而只与持久收入相关，消费在各个时期都保持在一个稳定的水平上。

7. 无论收入多少，税收总额不变，税收与收入没有关系。

8. 储蓄在收入中所占的比重。

二、单项选择题

1. C　2. D　3. A　4. B　5. C　6. A　7. A　8. B

第九章

一、名词解释

1. 各国不一定要专门生产劳动成本绝对低的产品，而只要专门生产劳动成本相对低的产品，便可进行对外贸易，并能从中获益。

2. 投资者拥有企业一定数量的股份，因而能行使表决权，并在企业的经营决策和管理中享有发言权。

3. 规模经济、政府干预和税收制度等引起的市场不完全竞争，导致市场机制不能充分发挥作用，而市场的不完全竞争是导致跨国公司对外直接投资的根本原因。垄断与优势结合，是跨国公司从事对外直接投资的主要动机。

4. 国际分工既能解释国际贸易，也能解释对外直接投资。对外直接投资应从本国已经处于或即将处于比较劣势的产业依次进行。

5. 又称多国公司，主要是指以母国为基地，通过对外直接投资，在其他国家和地区设立分支机构或子公司，从事国际化生产或经营的企业。

6. 政府直接干预对外经济活动，以实现国际收支平衡的措施。

7. 又称“外汇行市”或“汇价”，是一种货币兑换另一种货币的比率，是以一种货币表示另一种货币的价格。

8. 对本国货币与外国货币的比价不加以固定，也不规定汇率波动的界限，而听任外汇市场根据供求变化自发决定本币对外币的汇率。

二、简答题

1. 跨国公司的母公司与各国子公司之间或各国子公司之间转移产品和劳务时所采用的定价方法。

作用是：

(1)跨国公司可以通过持股和其他方式对在两个或两个以上国家内从事生产和销售的其他经营实体进行控制；

(2)有一个中央决策体系，有共同的政策和战略目标；各个实体应分享资源、信息并分担责任。

2. 当代国际贸易发展随着科技进步和生产创新，贸易领域不断扩展，贸易结构日趋优化，贸易发展严重地不平衡。

突出地表现在：

(1)技术贸易和新型服务的迅速崛起；

(2)发达国家与发展中国家贸易不平衡和以结构性障碍为主要原因的越演越烈的美、日、欧之间的贸易不平衡日趋严重；

(3)随着国际贸易趋势不平衡的加遽，新贸易保护主义和区域贸易集团化趋势强化了。

3. 国际货币调节政策主要包括：

(1)外汇缓冲政策；

(2)需求管理政策；

(3)直接管制政策；

(4)汇率调整政策。

第十章

一、名词解释

1. 通过法律程序确定的、个体占有或使用某种财富或资源的权利。

2. 个人从其活动中得到的私人利益就小于该活动所带来的社会利益。

3. 如果当事者谈判的费用，即交易成本为零或较小，就可以通过确定产权，由当事人就外部不经济问题进行协商，以消除外部不经济的状况，达到资源的有效配置，而且这与产权的初始界定无关。

4. 供集体共同消费和享用的物品，不能依靠市场交易实现资源的有效配置。

5. 消费者或消费数量的增加会带来生产成本的增加，即产品的边际成本为正。

6. 由于现实社会极其复杂，用来弥补市场经济缺陷的政府职能并不是完美无缺的。在许多情况下，政府这只"看得见的手"也失去了作用。

7. 社会为某项活动付出的代价，它通常包括私人成本与社会其他个体为此所支付的费用。私人成本是指个体进行某项活动所支付的成本，这里的个体可以是个人、企业、事业单位与社会团体等。

8. 由于技术条件和需求条件共同作用而形成的垄断。

9. 又称败德行为，指交易双方在签订交易契约之后，占据信息优势的一方在使自身利益最大化的同时损害了另一方的利益，却并不承担由此造成的后果的行为。

10. 由于信息不对称，处于信息劣势的委托人难以观察、知道代理人的全部和真实行为，代理人为了追求自己的利益而实施违背委托人利益的行为，实际上是一种道德风险的表现。

二、单项选择题

1.D 2.B 3.D 4.D 5.D 6.A 7.B 8.A

第十一章

一、名词解释

1. 又称内在稳定器，它源自财政制度本身。政府的一些制度具有自动调整的灵活性，它有助于经济的稳定，即经济系统本身存在着一种机制，在宏观经济不稳定时能自动发挥作用，使其趋向稳定。

2. 任何政策从制定到取得效果，必然会经过一段时间，称为时滞。

3. 指中央银行在金融市场上通过买卖政府债券，特别是短期债券，来控制货币供给和利率的政策行为。

4. 不管个人的应税收入为多少，其税基保持不变的所得税制度。累进的所得税是最主要的自动稳定器，累进的个人所得税和公司所得税，对经济活动的变化反应相当敏感。

5. 凭借国家信用，发行政府公债，弥补赤字，也是实施宏观经济政策的重要工具。

6. 政府支出增加所引起的私人消费减少或投资降低的抵消作用。

7. 中央银行以法律形式规定的、商业银行在存款中必须保持的准备金的比例。

8. 政府在运用宏观经济政策调节经济时，根据经济形势的客观要求和政策措施的特点，机动地决定和选择在某个时期采用哪一种或哪几种政策措施。

9. 中央银行对商业银行及其他金融机构的放贷利率。

10. 国家根据经济发展目标，通过中央银行调节货币供给量和利率水平，以影响宏观经济活动的措施。

二、单项选择题

1.B　2.C　3.B　4.D　5.C　6.A　7.D　8.C　9.D　10.C

三、简答题

1. 自动稳定器又称内在稳定器，它源自财政制度本身。政府的一些制度具有自动调整的灵活性，它有助于经济的稳定，即经济系统本身存在着一种机制，在宏观经济不稳定时能自动发挥作用，使其趋向稳定。

当经济出现波动时，财政制度会做出反应，自行发挥调节作用，而不需政府采取干预行动。具体来说，财政制度的自动稳定器作用主要表现在以下三个方面：比例所得税，政府的转移支付，农产品价格维持制度。

2. 补偿性财政政策是交替使用扩张性和紧缩性财政政策，或扩张或紧缩，斟酌使用，权衡使用。

在萧条时期采用扩张性财政政策，政府应通过消减税收、降低税率、增加支出或双管齐下以刺激总需求，刺激经济。

在繁荣时期采用紧缩性财政政策，减少支出，增加税收，以抑制通胀。

3. 在经济萧条时，通过发行国债，增加财政支出和减少税收，以刺激总需求增长，降低失业率，可以刺激总需求，使经济尽快复苏。

附　录

略。